学前教育课程与教学研究

陈生莲　著

云南人民出版社

图书在版编目（CIP）数据

学前教育课程与教学研究／陈生莲著. -- 昆明：
云南人民出版社，2024.11. -- ISBN 978-7-222-23357
-7

Ⅰ. G612

中国国家版本馆 CIP 数据核字第 2024LH6000 号

组稿统筹：冯　琰
责任编辑：武　坤
责任校对：王曦云
封面设计：李　杰
责任印制：窦雪松

学前教育课程与教学研究
XUEQIAN JIAOYU KECHENG YU JIAOXUE YANJIU

陈生莲　著

出　版　云南人民出版社
发　行　云南人民出版社
社　址　昆明市环城西路 609 号
邮　编　650034
网　址　www.ynpph.com.cn
E-mail　ynrms@sina.com
开　本　787mm×1092mm　1/16
印　张　12
字　数　240 千
版　次　2025 年 1 月第 1 版第 1 次印刷
印　刷　唐山唐文印刷有限公司
书　号　ISBN 978-7-222-23357-7
定　价　78.00 元

云南人民出版社微信公众号

如需购买图书、反馈意见，请与我社联系

总编室：0871-64109126　发行部：0871-64108507　审校部：0871-64164626　印制部：0871-64191534

随着全球对学前教育重要性的日益重视，学前教育的理念、课程设置和教学方法正经历着不断的变革与创新。学前阶段不仅是儿童认知、情感和社会性发展的关键时期，也是教育体系中极为重要的基础部分。在这个阶段，科学、系统的课程与教学设计至关重要，它不仅影响儿童当前的学习体验，还对他们未来的学习能力和人格发展产生深远影响。

《学前教育课程与教学研究》旨在全面梳理和探讨现代学前教育的核心理念、课程设置、教学方法以及评估与反馈的实践。本书结合国内外学前教育的研究成果和实际案例，通过对现代教育理念的分析、经典教育思想家的研究、课程内容的选择、教学策略的运用以及评估反馈机制的深入探讨，力求为学前教育工作者、研究者以及政策制定者提供理论指导与实践参考。

在本书的第一章中，我们首先介绍了学前教育的基本概念，并对学前教育研究的背景和意义进行了详细的分析。接下来的第二章对现代学前教育理念进行了综述，重点研究了陈鹤琴、福禄贝尔、蒙台梭利等教育思想家对学前教育的贡献，探讨了现代教育理念的内涵和时代特征。

第三章聚焦于学前教育课程设置，详细讨论了课程内容的选择标准、不同类型课程的特点以及课程实施与评价的具体方法。课程的合理设置和科学实施是保证学前教育质量的关键环节，本章将为读者提供深入的理论和实践指导。

第四章则专注于教学方法与策略的研究，涵盖了儿童中心教学法、互动与合作学习、游戏教学法以及现代科技在学前教育中的应用。教学方法的多样化与创新，能够有效激发儿童的学习兴趣，促进他们的全面发展。

在第五章中，本书探讨了学前教育教师的专业发展。教师作为学前教育中的核心角色，不仅需要具备高水平的专业素养，还要在课程与教学研究中扮演重要角色，并与家长形成紧密合作，才能更好地促进儿童的发展。

随着全球教育改革的深入，学前教育也面临着新的挑战和机遇。第六章详细分析了政策对学前教育课程的影响，并对课程改革中存在的问题进行了探讨，展望了未来的发展趋势。

最后，第七章对学前教育评估与反馈进行了系统的阐述，包括评估理论与方法、儿童学习与发展的评估、教学效果的评估等。科学的评估体系是教学质量提升和课程优化的重要工具，本章将为读者提供实际操作的参考。

通过对学前教育课程与教学的系统研究，本书力求为学前教育工作者提供全面的理论支持和实践建议，帮助他们在学前教育中实现高质量的教学与课程设计。希望本书能为推动学前教育的发展贡献力量，并为更多儿童的健康成长与全面发展创造良好的教育环境。

作 者

2024 年 9 月

CONTENTS 目　录

第一章　绪论

第一节　学前教育概述

一、学前教育的定义

（一）学前教育的基本概念

1. 学前教育的学术定义

学前教育通常是指专门针对0~6岁幼儿的早期教育，这一阶段涵盖了从出生至入小学前的关键发展时期。学前教育的核心理念是以儿童的全面发展为中心，注重身体、认知、情感和社交能力的协调发展。学前教育不仅为未来的学术学习奠定基础，同时更关注幼儿作为社会个体的成长，包括其人格形成、创造力的激发、语言表达能力的培养及与他人的互动能力的提升[①]。

根据《学前教育学》的定义，学前教育是一种有计划的、系统性的教育过程，旨在通过科学设计的活动促进儿童各领域的发展。研究表明，早期教育对于儿童的认知和社交能力具有长期的积极影响，其在儿童入学后表现出的学术成就、社会技能和情感稳定性等方面具有显著关联[②]。因此，学前教育不仅是儿童学术准备的一部分，更是社会情感发展的重要阶段。

学前教育的目标包括培养儿童的基本学术素养和社交技能。例如，Piaget 的认知发展理论认为，学前教育能够通过互动和游戏帮助儿童建立逻辑思维和问题解决能

---

① Pianta，R. C.，Barnett，W. S.，Burchinal，M.，& Thornburg，K. R.（2009）. *The effects of preschool education：What we know and how public policy is or is not aligned with the evidence.* Psychological Science in the Public Interest，10（2），49-88.

② Heckman，J. J.（2011）. *The economics of inequality：The value of early childhood education.* American Educator，35（1），31-35.

力[①]。维果茨基（Vygotsky）的社会文化理论进一步强调了社会互动在学前教育中的作用，指出儿童的语言发展和认知提升主要通过与成人和同伴的互动来实现[②]。

此外，学前教育并不仅仅局限于学术知识的传授，它还强调幼儿个体的全面成长。人格的塑造、情感的表达、创造力的激发，以及自我管理和社会交往能力的培养，都是学前教育的重要内容[③]。通过这一阶段的教育，儿童能够更好地适应未来的学校生活和社会环境，从而为其一生的发展奠定坚实基础。

政策层面，许多国家已经认识到学前教育的重要性，并将其纳入国家教育政策中。例如，我国的《国家中长期教育改革和发展规划纲要（2010—2020 年）》明确指出，学前教育是终身教育体系的重要组成部分，必须全面覆盖并提高质量。这些政策的制定反映了学前教育在促进儿童全面发展和社会进步中的核心作用。

综上所述，学前教育不仅仅是为小学学术学习做准备，它更注重幼儿作为个体和社会成员的全面发展。这一阶段的教育对于儿童的未来认知、情感、社交和人格发展具有深远影响，是儿童全面成长的重要基础。

2. 法律和政策中的学前教育定义

学前教育在各国的法律和政策框架中，通常被界定为基本公共服务的重要组成部分，旨在保障所有儿童的平等受教育权。不同国家的法律和政策都将学前教育作为幼儿早期发展的关键阶段，既作为义务教育的前置环节，也作为政府履行社会责任的重要领域。学前教育的法律和政策定义通常强调普惠性、公平性和发展性，致力于为所有儿童提供公平的学习机会，无论其经济或社会背景如何。

在我国，学前教育被纳入国家立法的重要范畴。《学前教育法》明确规定，学前教育是面向 0~6 岁儿童的一类重要教育形式。该法强调，国家必须通过财政拨款、政策支持等多种方式，确保所有适龄儿童都能享有公平的学前教育机会，尤其要重视弱势群体儿童的入学问题[④]。此外，政策还规定地方政府需负担起相应的责任，确保学前教育资源在城乡、区域之间的均衡分布，从而避免因资源分配不均而造成的教育差距。这种法律框架强调了政府在学前教育中的主导角色，确保每个儿童都能在公平、公正的环境中获得早期教育的机会。

---

① Piaget, J. (1952). *The origins of intelligence in children.* International Universities Press.

② Vygotsky, L. S. (1978). *Mind in society: The development of higher psychological processes.* Harvard University Press.

③ Bronfenbrenner, U. (1979). *The ecology of human development: Experiments by nature and design.* Harvard University Press.

④ 国人民代表大会. (2021). 中华人民共和国学前教育法. http://www.moe.gov.cn/jyb_sjzl/sjzl_zcfg/zcfg_jyfl/202107/t20210730_547843.html

从国际角度看，学前教育也被多个国际组织视为促进儿童早期发展的核心措施。联合国儿童基金会（UNICEF）和联合国教科文组织（UNESCO）等机构在多个政策文件中明确指出，学前教育不仅对儿童的认知、情感和社会能力发展具有重要意义，而且对国家和社会的长远发展也起着至关重要的作用。根据 UNICEF 的报告，早期教育对于缩小儿童成长中的社会经济差距，提升教育公平性，以及促进国家经济社会发展都有积极作用[①]。联合国教科文组织的《教育 2030 行动框架》也提出，学前教育是实现终身学习目标的基础，呼吁各国政府加强学前教育的政策支持和资金投入，确保每个儿童都能接受优质的早期教育[②]。

在许多发达国家，学前教育被视为义务教育的前置阶段，并受到严格的法律保障。例如，芬兰通过法律规定所有 3~6 岁的儿童必须接受免费的学前教育，政府承担其主要费用，确保教育的普及性和高质量[③]。此外，法国、德国等国也通过立法保障了学前教育的普及，政府为家庭提供财政支持，以减轻家长的教育负担。

总的来看，学前教育在全球范围内的法律和政策框架中，都被赋予了重要的公共服务属性。无论是在我国还是在全球其他国家，学前教育的法律定义都强调公平性与普惠性，确保所有儿童，无论其家庭背景、经济条件如何，都能够接受高质量的早期教育。这种政策导向不仅有助于促进个体的全面发展，还能为社会的长远发展奠定坚实基础。

3. 学前教育与早期教育、幼儿教育的区别与联系

学前教育、早期教育与幼儿教育这三个概念在实际应用中有时会被混用，但它们在细微处存在差异。早期教育是指 0~3 岁儿童的教育，通常更强调对幼儿基本生活技能的培养与感官刺激，侧重于保育和基础认知发展。幼儿教育则主要针对 3~6 岁儿童，涵盖更多的认知、社交和语言发展的内容，注重通过游戏和互动来激发幼儿的兴趣和潜力。学前教育则可以视为一个广义的综合概念，涵盖了早期教育和幼儿教育的各个阶段，它在时间跨度上更长，内容上也更加广泛，既包括早期的保育性教育，又涵盖后期的游戏与学习准备。

---

① UNICEF. (2019). *A World Ready to Learn：Prioritizing quality early childhood education*. United Nations Children's Fund.

② UNESCO. (2015). *Education 2030：Incheon Declaration and Framework for Action for the Implementation of Sustainable Development Goal 4*.

③ Kupiainen, S., Hautamäki, J., & Karjalainen, T. (2009). *The Finnish education system and PISA*. Ministry of Education, Finland.

（二）学前教育的对象与范围

1.0~6岁幼儿的学习和发展特点

学前阶段是儿童大脑发育的关键期，0~6岁是儿童认知、社会性和情感发展的基础阶段。这一时期，儿童的学习能力处于高度敏感状态，其大脑的发展速度也是人生中最快的时期。根据研究，早期大脑发育不仅影响认知和语言能力，还对情感和社交技能产生深远影响①。因此，学前教育被视为促进儿童全面发展的重要阶段，具有不可替代的作用。

在0~3岁阶段，儿童的学习主要通过感知觉和运动协调来实现。这一阶段，儿童开始通过触觉、视觉、听觉等感官与外部环境互动，以此探索和理解世界。根据皮亚杰的认知发展理论，0~2岁儿童处于感知运动阶段，他们通过身体动作和感觉经验来逐步构建对世界的基本认知框架②。例如，婴儿会通过抓握、拍打和咀嚼物品来探索周围环境，逐渐形成对物体永久性的理解（Perry，2002）。此外，0~3岁儿童的大脑发育还为其情感发展提供了基础，依恋理论表明，早期与主要照护者建立的安全依恋关系对儿童的情感调节和心理健康至关重要（Bowlby，1969）。

当儿童进入3~6岁阶段，他们的认知能力、语言能力和社交能力进一步提升。这一阶段的孩子逐渐能够理解和使用更复杂的语言表达方式，语言的发展速度明显加快。根据维果茨基的社会文化理论，语言不仅是儿童沟通的工具，还在认知发展中起着重要作用，因为儿童通过语言与他人互动来促进思维发展（Vygotsky，1978）。此外，3~6岁的幼儿也开始展现出基本的逻辑推理和问题解决能力，他们可以进行简单的分类、排序和数量判断。

在这一阶段，儿童的社交需求也明显增强，逐渐学会与同伴互动、分享和合作。这一阶段的儿童逐渐学会遵守社会规则，并在游戏中逐步掌握团队合作和角色分工的技能。根据艾里克森的心理社会发展理论，3~6岁儿童处于"主动性对内疚感"的阶段，他们在与同伴的互动中发展主动性，并在探索和承担责任时逐步建立自信心③。同时，教师和家长的引导在这一时期尤为重要，帮助儿童通过游戏、合作活动和规则学习，建立良好的社会行为规范。

---

① Shonkoff,J. P. ,& Phillips,D. A. (Eds.). (2000). *From neurons to neighborhoods：The science of early childhood development*. National Academies Press.

② Piaget,J. (1952). *The origins of intelligence in children*. New York：International Universities Press.

③ Erikson,E. H. (1950). *Childhood and Society*. New York：Norton.

　　学前教育的设置正是基于这一阶段儿童的心理和生理特点，为其提供适合的教育资源和发展环境。联合国教科文组织指出，高质量的学前教育可以有效支持儿童的认知、语言和社交发展，并为其后续的学术和社会生活奠定坚实的基础。因此，学前教育的目标不仅是帮助儿童掌握基本的认知技能，还要通过游戏、社交互动和多元活动，全面促进其身心健康发展。

　　通过为儿童提供安全、丰富的学习环境，学前教育能够满足0~6岁幼儿的多重发展需求，帮助他们顺利度过这一关键的成长阶段。各国的政策和教育研究均表明，在这个时期为儿童提供适当的刺激和支持，不仅有助于他们的早期认知发展，还能促进情感和社交技能的建立（Heckman，2011）。学前教育不仅是为未来的学术学习做准备，更是儿童作为独立社会个体的成长阶段，涵盖了认知、语言、情感和社交等多方面的能力培养。

　　2. 不同国家或地区学前教育阶段划分的异同

　　学前教育在全球范围内有着不同的定义和划分方式。大多数国家将学前教育划分为两个主要阶段：0~3岁和3~6岁。例如，我国的学前教育主要包括托幼教育（0~3岁）和幼儿园教育（3~6岁）。托幼教育阶段更注重儿童的生活习惯、运动能力以及感官发展的培养，而幼儿园阶段则开始注重儿童的认知发展和社交能力的提升。

　　在其他国家，如美国，学前教育系统相对复杂，既有幼儿园（Kindergarten）也有"学前班"（Pre-K），旨在帮助5岁左右的儿童更好地过渡到小学阶段。芬兰则将0~6岁的儿童教育归为一体，提供免费的学前教育服务，重点培养儿童的动手能力与探究精神。

　　在这些国家或地区，尽管具体实施方式有所不同，但学前教育的核心目标——促进儿童的全面发展，并为其未来的学校生活和社会生活做好准备——是相似的。各国的学前教育系统也常常反映了其文化、经济和社会背景的不同，这在课程内容、教学方法和评价标准上都有所体现。

二、学前教育的特点

（一）年龄段特点

1. 0~3岁托幼期：以保育为主，兼顾启蒙教育

　　0~3岁是儿童生理和心理发育最迅速的时期，这一阶段的学前教育更多侧重于基

本的保育，关注婴幼儿的健康、营养和安全。在此基础上，启蒙教育也逐渐被引入，包括感官刺激、简单的语言学习和社会交往的初步发展。托幼阶段的教育强调培养儿童的基本生活自理能力，如进食、穿衣、如厕训练等。同时，通过亲子互动、感知觉体验活动，促进幼儿的大脑发育、情感表达和早期认知能力的发展。

2. 3~6 岁幼儿园阶段：以游戏为基础的综合素质发展

在 3~6 岁阶段，儿童进入幼儿园，学前教育的重心逐渐从保育转向认知、情感、语言、社交等多方面的综合素质发展。此时，游戏成为最重要的教学手段，通过游戏来促进儿童的创造力、逻辑思维和语言表达能力。幼儿园阶段的教育内容更加多样化，幼儿的好奇心、动手能力和与他人合作的社交能力在这一时期得到重要的发展。课程设计通常围绕着幼儿的探索和实践能力展开，帮助他们在游戏中学习基本的知识和技能，同时培养良好的生活习惯和社会行为规范。

（二）教育内容的多样性

1. 情感、认知、语言、身体运动能力的发展

学前教育的课程内容涵盖了儿童发展的各个方面，主要包括情感、认知、语言和身体运动能力。情感教育通过建立安全的依恋关系和积极的社会互动，帮助儿童形成良好的情绪调节和自我认知能力。认知发展方面则通过各种探究性活动和问题解决，引导幼儿发展基本的逻辑思维和记忆能力。语言发展主要通过口语表达、早期读写活动，增强儿童的语言理解能力和表达能力。身体运动能力的发展则包括大肌肉群和精细动作的协调训练，帮助儿童发展运动技能和身体健康。

2. 各国学前教育课程设置的差异

不同国家或地区的学前教育课程在设计上各具特色。例如，北欧国家（如芬兰）的学前教育注重让儿童通过户外活动和探索自然环境来发展感知觉和身体协调能力，课程更加开放和自主。相反，日本学前教育则在集体合作和纪律方面给予较多关注，幼儿园生活强调秩序感和集体活动。此外，西方国家通常较为重视儿童的个体差异，教学内容灵活多样，而在东亚国家，课程内容可能更具结构性，尤其是在幼儿的早期学术准备方面。每种课程设置都反映了不同文化背景下对儿童发展的期望与理解。

（三）教学方法的特殊性

1. 游戏作为主要教学手段

游戏是学前教育中的核心教学工具，它不仅是儿童自然学习的方式，也是教师设计教育活动的基本形式。通过游戏，儿童能够主动参与、探索和发现，从而在实践中获得认知、社交和情感方面的成长。例如，角色扮演游戏帮助儿童发展社会交往技能，积木搭建等操作性游戏则增强了他们的空间思维和问题解决能力。与正式的课堂教学不同，游戏提供了一个自由且灵活的环境，让幼儿在自发的活动中获得学习体验，提升他们的兴趣和动机。

2. 以儿童为中心的教育模式

学前教育强调"以儿童为中心"，即根据儿童的个体需求、兴趣和发展节奏来设计教育活动。这一理念要求教师敏锐地观察每个儿童的兴趣点，尊重其个体差异，并提供适合其发展阶段的学习机会。课程设计和教学活动的灵活性与适应性是"以儿童为中心"理念的关键，这一模式确保了每个儿童都能在适合自己的节奏中获得成长，同时通过引导儿童自主学习，增强其自我效能感和独立性。

（四）评价方式的独特性

1. 发展性评价与形成性评价

学前教育的评价方式区别于传统教育中的终结性评价，主要使用发展性评价和形成性评价。发展性评价是通过对儿童日常行为、语言、社交表现等的观察，记录其在不同发展领域中的进步与变化，以此了解儿童的成长轨迹。形成性评价则是指在教育过程中，教师根据儿童的即时表现和反应，随时调整教学策略，帮助其更好地理解和掌握所学内容。这两种评价方式重视过程而非结果，注重儿童的个性化成长和潜力开发，而非单一的学术成绩。

2. 幼儿个性化成长轨迹的评估方法

由于每个儿童的发展节奏不同，学前教育中的评估通常强调个性化的成长轨迹。教师会定期记录儿童的表现、兴趣点、交往能力等方面的数据，形成个体化的评估报告。这类评估方式不仅帮助教师调整教学内容，也有助于家长了解其子女的成长进程。在实践中，评估常结合家长、教师和儿童的多方反馈，形成一套全面、综合的评价机制，确保每个儿童都能在学前教育阶段获得最大程度的发展支持。

三、学前教育的发展历史

（一）国际学前教育发展简史

1. 古代与中世纪的学前教育思想

（1）柏拉图、亚里士多德关于儿童教育的早期论述。

古代希腊哲学家柏拉图和亚里士多德对儿童教育的观点奠定了西方早期教育思想的基础。柏拉图在《理想国》中提出，儿童应当在早期就接受适合其年龄的教育，特别是通过游戏和故事来培养他们的德行和理智。亚里士多德则在《政治学》中强调教育应根据儿童的年龄段进行分阶段实施，且认为儿童的身体和道德教育应先于智力教育。这些思想尽管不完全符合现代学前教育的理念，但为后来的教育实践提供了重要启示。

（2）中世纪欧洲家庭与宗教的早期儿童教育。

在中世纪欧洲，儿童的教育更多依赖于家庭，特别是母亲在儿童早期教育中的角色。宗教机构，尤其是基督教教会，也发挥了重要作用，教会学校和修道院提供了一些初步的儿童教育，主要集中在道德教育和基本的识字能力。尽管中世纪时期并没有形成体系化的学前教育，但家庭和宗教的影响为后来的正式学前教育奠定了基础。

2. 近现代学前教育的兴起

（1）福禄贝尔与"幼儿园"的创立。

19世纪德国教育家弗里德里希·福禄贝尔（Friedrich Froebel）被誉为"幼儿园之父"。他认为儿童在学前阶段的教育应当以自然为本，且学习应该通过自由和自发的活动来进行。1840年，他创立了世界上第一所幼儿园，提出了"玩具教具"概念，并通过游戏和动手操作活动培养儿童的创造力和社交能力。福禄贝尔的幼儿园理念迅速传播，成为现代学前教育体系的雏形。

（2）蒙台梭利教育法的推广。

意大利教育家玛丽亚·蒙台梭利（Maria Montessori）在20世纪初发展了以儿童为中心的教育方法。蒙台梭利教育法强调通过精心设计的环境和材料，促进儿童的自主学习和个性化发展。蒙台梭利特别关注儿童的感官训练和自我导向的学习模式，认为教育应尊重儿童的内在发展规律。她的教学法至今仍在全球范围内被广泛应用，尤其是在学前教育中。

（3）其他重要的学前教育思想。

瑞士心理学家让·皮亚杰（Jean Piaget）和苏联教育家列夫·维果茨基（Lev

Vygotsky）的理论也对学前教育产生了深远影响。皮亚杰的认知发展理论指出，儿童的认知能力在不同年龄阶段有不同的发展特点，教育应适应儿童的认知阶段。维果茨基则强调社会文化背景对儿童认知发展的重要性，提出"最近发展区"的概念，认为儿童在与成人或能力较强的同伴互动时，能够得到更快的发展。这些理论在现代学前教育课程设计和教学方法中得到了广泛应用。

3. 当代国际学前教育的发展趋势

（1）联合国儿童基金会与学前教育的全球推广。

当代学前教育的全球化发展离不开国际组织的推动。联合国儿童基金会（UNICEF）和联合国教科文组织（UNESCO）致力于促进全球学前教育的普及，特别是在发展中国家，通过教育资源的分配和政策支持，推动实现学前教育的公平与可持续发展。近年来，全球多个国家和地区都将学前教育作为基础教育体系的重要组成部分，尤其重视其对儿童早期发展的关键作用。

（2）各国在普及学前教育中的不同策略和成就。

各国在推动学前教育普及方面采取了不同的策略。例如，芬兰通过提供免费的普惠性学前教育，确保所有儿童都能享有高质量的教育机会；日本则采用了更加重视合作与纪律的教育方式。美国则通过联邦和州政府的合作，逐步扩大早期教育项目的覆盖面，特别关注低收入家庭儿童的早期教育公平性。尽管各国的政策有所不同，但普遍认可高质量的学前教育能够显著提升儿童的未来学习和发展潜力。

（二）我国学前教育发展简史

1. 古代儿童教育的思想与实践

（1）早期的家庭启蒙教育。

我国古代，儿童的早期教育主要在家庭中进行，家庭教育以道德、礼仪和生活技能的培养为主。母亲在幼儿的启蒙教育中扮演重要角色，儿童通过听故事、背诵诗词等活动接受早期的启蒙教育。虽然当时并没有正式的学前教育机构，但家庭教育在塑造儿童人格和基本认知能力方面发挥了重要作用。

（2）儒家教育思想对儿童早期教育的影响。

儒家思想深刻影响了我国古代的教育理念，尤其是在儿童早期教育方面。儒家提倡"因材施教"，强调儿童应在早期接受伦理道德的教育，以培养其孝顺、仁爱和礼仪行为。这一思想不仅影响了我国古代的家庭教育实践，也在后来的学前教育机构中有所体现。

2. 近代学前教育的引入与发展

（1）民国时期的幼儿园发展。

我国近代学前教育的发展始于民国时期，尤其是在 20 世纪初，随着西方学前教育思想的引入，幼儿园逐渐在我国城市中兴起。20 世纪 20 年代，一些教育家，如陈鹤琴、陶行知等，开始关注并探索学前教育，强调教育要贴近儿童的生活，并通过游戏和活动促进儿童的全面发展。此时的幼儿园教育多受福禄贝尔和蒙台梭利教育思想的影响，倡导自由、主动的学习方式。

（2）20 世纪初西方学前教育思想在我国的传播。

在 20 世纪初，西方学前教育理念进入我国，特别是福禄贝尔和蒙台梭利的教育思想，影响了当时我国的学前教育发展。我国的教育家们开始结合本土文化背景，创新学前教育课程与教学模式，推动了幼儿园教育的发展。

3. 当代我国学前教育的改革与创新

（1）改革开放以来学前教育政策的变革。

改革开放后，我国的学前教育进入快速发展时期。国家逐步出台了系列政策，推动学前教育的普及和规范化管理。例如，《国家中长期教育改革和发展规划纲要（2010—2020 年）》中明确提出，要加大对学前教育的投入，提高教师素质，扩大幼儿园的覆盖面。政府大力推进"普惠性幼儿园"的建设，确保更多儿童能够接受质优价廉的学前教育。

（2）现代化进程中学前教育的普及与公平。

近年来，随着社会的现代化进程，我国的学前教育不仅在规模上快速扩展，而且更加注重公平和质量。国家通过对农村和欠发达地区的政策倾斜，努力缩小城乡和区域间的学前教育差距。与此同时，学前教育的课程改革也在不断推进，强调素质教育与个性化发展，以适应现代社会对人才的多元化需求。

四、学前教育的重要性

（一）个体发展的基础阶段

1. 学前教育对儿童脑部发育、认知能力和社交能力的关键影响

学前阶段是儿童大脑发育的关键时期，大脑在这个阶段的发育速度达到人生中的

最高峰。学前教育通过提供丰富的感官刺激、社交互动和探索性学习活动，能够有效促进儿童脑部的发育，特别是大脑的神经连接。在此阶段，儿童通过不断地探索和体验，发展基本的认知能力，如记忆、语言、逻辑推理等。这些认知能力不仅为未来的学术学习奠定基础，还帮助儿童理解世界并形成独立的思维方式。

与此同时，学前教育对儿童的社交能力发展也至关重要。通过集体活动和与同伴的互动，儿童学会与人沟通、分享、合作以及解决冲突。这些社交技能不仅对学龄期的学校生活有直接影响，还为其今后的社会交往和职业发展打下了坚实的基础。

2. 学前教育对个体后续学习能力的奠基作用

研究表明，学前教育对儿童的后续学习能力有深远影响。在接受优质学前教育的儿童中，普遍表现出更强的语言表达能力、数学基础能力和自我管理能力。学前教育通过早期的认知训练、问题解决技巧和学习习惯的养成，能够有效提升儿童在小学及以后阶段的学习表现。此外，学前教育还能帮助儿童建立良好的情感调节能力和自我控制能力，使他们在面对学术压力时能够更好地应对。这些早期学习经验不仅有助于儿童适应学校生活，还为其终身学习奠定了重要的心理和智力基础。

（二）社会经济发展的推动力

1. 高质量学前教育在提高国民素质方面的作用

学前教育不仅仅是个人发展的基础，它也是提高国民整体素质的重要途径。通过为所有儿童提供平等的早期教育机会，学前教育能够在较早阶段缩小儿童之间的能力差距，促进社会的公平和包容性发展。高质量的学前教育能够有效提升儿童的认知水平和社会技能，从而在未来提高国民的整体教育水平和劳动生产率。各国政府也逐渐认识到学前教育在构建人力资本、促进社会和经济发展中的关键作用，因此不断加大对学前教育的投资力度。

2. 学前教育的普及对女性劳动参与率、社会公平等的积极影响

学前教育的普及不仅有助于儿童的发展，还为提升女性劳动参与率提供了重要支持。在提供安全、可负担的托幼服务的背景下，更多女性能够平衡家庭与职业，重新进入劳动市场。这不仅为家庭经济提供了保障，还对社会的经济活力有积极贡献。此外，学前教育的普及对于缩小社会不平等具有重要意义。通过普惠性的学前教育政策，低收入家庭的儿童能够获得与中高收入家庭相同的教育机会，打破代际贫困的恶性循环。这种普惠性政策的实施，对于构建更加公平、公正的社会环境起到了积极的作用。

（三）家庭与社会教育的纽带

1. 学前教育对家庭教育的补充作用

尽管家庭是儿童最早的教育场所，但学前教育作为家庭教育的重要补充，能够提供专业的教育资源和科学的教育方法，帮助家庭更好地促进儿童的发展。学前教育机构通过与家长的合作，向其传递科学的育儿理念和教育方式，帮助家长更好地理解儿童的成长需求。例如，幼儿园教师可以向家长提供有针对性的建议，帮助他们在家庭环境中更好地支持孩子的认知和情感发展。此外，学前教育还为那些工作繁忙或缺乏育儿知识的家庭提供了结构化的支持，使儿童能够在教育机构中得到全方位的发展。

2. 社区和政府在推动学前教育中的角色与责任

学前教育的普及与发展不仅依赖于家庭的参与，还需要社区和政府的共同努力。社区在提供学前教育资源、组织家庭和教育机构之间的互动以及促进家长教育中扮演着关键角色。通过社区教育资源的共享和活动的组织，学前教育能够更好地融入社会，成为家庭教育和社会教育的桥梁。

同时，政府在学前教育的发展中承担着不可忽视的责任。政府不仅需要制定并实施学前教育的政策，还要通过财政支持、法律保障等措施，确保学前教育的公平性和普及性。近年来，许多国家和地区的政府已经通过立法、资助和评估等手段推动学前教育的发展，例如，提供免费的普惠性幼儿园和培训高素质的学前教育教师。政府的参与确保了学前教育在整个社会中的协调发展，也为每个儿童的健康成长提供了更为广阔的支持体系。

第二节　研究背景

一、当前学前教育的全球趋势

（一）全球学前教育的普及趋势

1. 各国普及学前教育的政策与实施进展

近年来，学前教育在全球范围内获得了越来越多的关注，各国政府纷纷出台政策，推动学前教育的普及化。这种政策背景的转变源于对早期教育对儿童长期发展的重要性认识的加深。许多国家在学前教育方面引入了普惠性政策，旨在减少教育资源的差距。例如，芬兰、挪威等北欧国家长期提供免费学前教育，并将其视为全民教育的一部分。与此同时，发展中国家也在积极扩大学前教育的覆盖率，诸如印度、巴西等国推出了针对贫困地区和农村地区的学前教育项目，以确保更多儿童能够接受早期教育。

2. 学前教育入学率的全球增长

全球学前教育的入学率近年来显著上升。根据联合国教科文组织的数据，许多国家的学前教育入学率已经接近90%或更高，这表明学前教育已经成为全球教育体系中的重要组成部分。特别是在高收入国家，学前教育几乎已实现普及，所有儿童都能在入小学前获得系统的早期教育。而在中低收入国家，尽管入学率相对较低，但增长速度非常快，政府通过政策支持、基础设施建设和教师培训等多种手段，正在逐步缩小这一差距。

3. 各国学前教育体系中的共性与差异

尽管学前教育的普及化是全球共同的目标，各国的学前教育体系在实施上却存在一定的差异。例如，在课程设置上，西方国家倾向于采用更加灵活的课程模式，鼓励儿童通过游戏和自主探究进行学习，而东亚国家则可能更加注重学术准备，强调通过结构化的学习活动为儿童进入小学打好基础。此外，各国在学前教育的资助模式、师资培养体系以及入学年龄等方面也存在显著差异。例如，在德国和法国，政府资助的学前教育系统相对完善，而美国的学前教育更多依赖私人和家庭的资助。

（二）学前教育的国际化与多元化发展

1. 以探究性学习、游戏为核心的国际课程趋势

探究性学习和游戏化教学已经成为学前教育课程中的重要组成部分。这种教学方法强调儿童的自主学习能力，鼓励他们通过实践、探索和合作来发现问题并解决问题。以瑞吉欧·艾米利亚（Reggio Emilia）和蒙台梭利等教育模式为代表，强调儿童在学习中的主动性和创造力。游戏被视为儿童学习的自然方式，通过角色扮演、建构游戏和户外活动等形式，儿童可以在轻松愉快的氛围中学习到基本的认知、社交和情感技能。这一趋势反映了全球教育界对早期教育多样化的重视，并不断推动学前教育课程朝向更加灵活、包容和开放的方向发展。

2. 多元文化教育在学前教育中的推广

随着全球化的推进，多元文化教育在学前教育中的重要性日益凸显。许多国家的

学前教育课程已经开始融合多元文化元素，目的是让儿童从小接触和理解不同文化背景下的多样性。例如，美国的学前教育机构在课程设计中注重种族、语言和文化多样性的体现，帮助来自不同背景的儿童建立文化认同感和包容性。在欧洲国家，尤其是移民较多的地区，学前教育不仅关注语言的多元化，还通过文化活动、节日庆祝等方式，促进儿童对不同文化的尊重与理解。这种多元文化教育的推广不仅有助于培养儿童的全球视野，也为建立更包容的社会奠定基础。

3. 国际组织在学前教育中的倡导与实践

联合国儿童基金会（UNICEF）和联合国教科文组织（UNESCO）等国际组织在推动全球学前教育发展中发挥了至关重要的作用。这些组织通过制定政策建议、提供技术支持和资助项目等方式，推动各国加大对学前教育的投入和关注。UNESCO 通过其《教育 2030 行动框架》呼吁各国重视幼儿早期教育，并提出具体的目标和行动计划，以确保到 2030 年，全球所有儿童都能获得高质量的学前教育。UNICEF 则通过在发展中国家的项目实施，帮助那些处于贫困、冲突和灾难中的儿童获得公平的学前教育机会。国际组织的倡导不仅提升了学前教育的全球关注度，还为各国在政策和实践上的改革提供了参考和支持。

（三）技术对学前教育的影响

1. 数字化技术和早期教育的结合

随着信息技术的快速发展，数字化工具正在逐步融入学前教育领域。近年来，越来越多的教育应用程序和在线课程被开发出来，帮助家长和教师为儿童提供更为个性化和互动的学习体验。这些数字工具涵盖了语言学习、数学启蒙、艺术创作等多个领域，儿童可以通过触摸屏等设备参与到互动游戏和学习活动中。同时，智能玩具和虚拟现实等新兴技术也在学前教育中得到了应用，为儿童提供了沉浸式的学习体验。然而，尽管数字化工具具有一定的教育潜力，专家也呼吁需要谨慎使用，确保技术的合理运用不会取代传统的社交互动和实践活动。

2. 信息技术如何促进学前教育的教学与管理

信息技术不仅在教学上为学前教育提供了新方式，也在教育管理方面带来了创新。例如，许多学前教育机构已经引入了管理信息系统，用于记录和分析儿童的学习进度、健康状况和行为表现，帮助教师更好地进行个性化教学。此外，信息技术还促进了教师的专业发展，教师可以通过在线平台参加培训课程，学习先进的教学方法和技巧，提升教学质量。远程监控系统则为家长提供了更多的参与机会，使他们能够实时了解孩子在幼儿园的情况，并与教师保持更紧密的沟通。这些技术应用不仅提高了学前教育的效率，也增强了家长、教师和教育机构之间的互动与合作。

二、我国学前教育的现状

（一）政策环境

1. 国家对学前教育的政策支持

近年来，我国政府高度重视学前教育的发展，推出了一系列政策来推动这一领域的改革与发展。其中，《国家中长期教育改革和发展规划纲要（2010—2020年）》明确指出，要大力发展学前教育，特别是要加强普惠性幼儿园建设，逐步实现学前教育的普及。这一政策强调，通过政策引导、财政支持和制度保障来提升学前教育的可及性和公平性。此外，地方政府根据这一纲要，相继出台了地方性政策，致力于改善学前教育的整体质量和资源分配。

政策的核心目标是普惠性、可及性和公平性。普惠性是指通过增加政府资助和政策支持，使更多家庭能够负担得起高质量的学前教育。可及性强调学前教育的覆盖面，尤其是在农村和欠发达地区，确保每个儿童都有机会接受学前教育。公平性则关注不同社会经济背景的儿童能够平等享受教育资源，特别是通过政策手段缩小城乡差距，解决弱势群体在入园机会上的不平等问题。

2. 地方政府在学前教育中的政策执行与差异

尽管国家层面的政策为学前教育提供了清晰的指导方针，但地方政府在具体执行中表现出一定的差异。一些经济发达的地区能够迅速落实相关政策，建设高标准的幼儿园并确保师资力量的稳定，而经济欠发达的地区在政策执行中面临经费短缺、基础设施落后等问题，导致教育资源分配不均。这种地区间差异使得全国范围内的学前教育发展仍存在不平衡现象。

（二）教育资源分布

1. 城乡学前教育资源差距

我国的学前教育在城市和农村地区存在显著的资源分配不均现象。在大城市中，幼儿园的数量相对充足，且教育质量较高。城市中的幼儿园通常拥有较好的硬件设施，如现代化的教室、户外活动场地等，师资力量也较为雄厚，教师接受专业培训的机会更多。然而，在农村地区，幼儿园的数量严重不足，许多农村地区的幼儿只能依赖简陋的托幼机构，甚至完全无法获得正规的学前教育。农村地区的幼儿园面临设施陈旧、教学资源匮乏的问题，师资力量也极为短缺。

为了解决农村地区学前教育资源匮乏的问题，政府推出了一些扶持项目，如农村幼儿园建设专项资金和教师支援计划。这些措施旨在改善农村幼儿园的硬件设施，提升教育质量，吸引优秀的教师前往农村地区任教。尽管这些扶持项目在一定程度上缓解了农村地区学前教育资源的不足，但在实际操作中仍面临诸多挑战，尤其是在师资流动性大、资源利用效率低等方面需要进一步改进。

2. 地区间学前教育资源分配的不均衡

东部沿海地区由于经济发达，学前教育的资源相对充足。政府在这些地区投入了大量资金，推动幼儿园的建设和教育水平的提升。而在西部欠发达地区，学前教育资源的匮乏现象更加突出，幼儿园数量远不能满足需求，教育质量也较低。这种东西部地区的教育资源不平衡不仅影响了儿童的早期发展，还进一步加剧了城乡之间、区域之间的教育不平等。

在我国的贫困地区，学前教育的发展相对滞后，许多儿童无法获得系统的学前教育，影响了他们的认知、社交和情感发展。为应对这一问题，政府采取了针对性的措施，如"教育精准扶贫"项目，旨在为贫困家庭的儿童提供免费或低成本的学前教育。此外，国家还通过培养本土教师、提供流动幼儿园等创新模式，解决偏远贫困地区儿童的教育问题。

（三）教师队伍建设

1. 学前教育教师数量与质量现状

随着我国学前教育的迅速扩展，教师数量的缺口成为一个突出问题。当前，许多幼儿园面临师资短缺的问题，特别是在偏远地区，教师招聘困难，导致班级师生比例失衡，教育质量难以保障。未来随着学前教育普及目标的推进，学前教育教师的需求量将继续增加，因此如何有效缓解教师短缺问题成为关键挑战。

为了提高学前教育的师资水平，国家规定学前教育教师须持有相关的教师资格证。然而，教师资格认证的门槛提高了学前教师的准入标准，但同时也加大了教师队伍的供给压力。学前教师的职业发展路径相对有限，职业晋升机会较少，薪资水平较低，这些因素导致了许多教师流失，进一步加剧了教师短缺的问题。

2. 学前教育教师的培训与专业发展

为了应对师资力量不足的问题，国家制定了学前教育教师的培训计划，要求教师定期参加专业培训，以提高其教学水平和能力。政府通过设立培训中心、提供继续教育机会等方式，为学前教师提供职业发展的平台。这些培训内容包括儿童心理学、教学方法创新、课程设计等，旨在提升教师的专业素养。

尽管国家对教师培训有明确的要求，但实际的培训效果往往因地区差异而有所不同。农村地区教师的培训机会较少，培训资源匮乏，导致教师的专业发展受到限制。此外，教师流动性高、职业吸引力不足等问题也对教师队伍的稳定性产生负面影响。为了解决这些问题，政府需要加大对教师的投入，改善教师的待遇，提供更多的培训和职业晋升机会，以提高学前教育教师的整体素质。

三、学前教育课程发展面临的主要挑战

（一）课程设计与内容适应性

1. 课程设计的多样性与平衡性

学前教育的核心挑战之一是如何在游戏和学术准备之间找到平衡。游戏作为幼儿学习的主要形式，可以促进儿童的创造力、社交技能和情感发展；而学术准备则为他们顺利进入小学阶段打下基础。然而，过度注重学术准备可能削弱幼儿的探索欲望和好奇心，而过于依赖游戏可能无法为儿童提供足够的学术基础。要在两者之间找到适当的平衡，课程设计需要根据儿童的年龄、兴趣和发展需求进行灵活调整，确保既能激发儿童的学习兴趣，又能为未来的学习做好准备。

各国在设计学前教育课程时，采取了不同的框架和策略。例如，芬兰的课程注重通过游戏和户外活动培养儿童的探究精神，而我国和日本的学前教育更多地强调早期学术知识的积累。这些不同的框架对儿童的认知、社交和情感发展产生了不同的影响。要在全球化的背景下设计符合本国需求的课程，需要充分理解这些不同模式的优缺点，并结合本地文化和教育目标进行调整。

2. 课程内容的本土化与国际化

随着全球化的发展，国际化课程理念在学前教育中广泛传播，例如探究性学习、跨文化教育等。然而，这些国际化理念在不同国家的实施中，需要与本土文化相结合。

例如，蒙台梭利教育理念注重儿童自主学习，但在一些文化中，家庭和教师的主导地位较为突出，如何平衡这些理念成了挑战。课程设计应当尊重文化差异，并在引入国际化课程理念时，保持与本土教育文化的有机结合，以实现更为平衡的教育效果。

全球化趋势下，保护和传承本土文化的需求变得更加重要。许多国家在推动学前教育改革时，面临如何平衡引入国际先进课程理念与传承本土文化的挑战。课程内容设计应包含本土传统、民族文化和地域特色，帮助儿童从小建立文化认同感。例如，在我国的学前教育中，课程可以通过传统节日、民间故事等方式传承本土文化，同时引入全球视野中的多元文化教育，培养儿童的文化多样性意识。

3. 儿童个体差异的课程适应性

儿童的认知、社交、情感和体能发展具有显著的个体差异，课程内容需要对这些差异做出相应的调整。然而，在实际教学中，往往难以做到完全个性化。因此，课程设计必须考虑儿童不同的发展阶段，提供分层教学资源和灵活的课程设置。例如，可以通过"混龄班"或"差异化教学"来满足不同儿童的学习需求，既确保每个儿童都能在自己的发展节奏中成长，又不忽视集体教育的整体性。

学前教育课程既需要满足国家或地区的统一教育目标，也要考虑个体差异，这就带来了个性化与统一性之间的冲突。一方面，统一性有助于确保所有儿童获得公平的教育机会，避免教育质量的不均衡；另一方面，过于统一的课程可能忽视儿童的个性发展。因此，解决这一冲突的关键在于课程的灵活性，既保留基本的课程框架，又允许教师根据儿童的具体需求进行个性化调整，以兼顾集体目标和个体发展。

(二) 课程实施中的师资问题

1. 教师的专业发展与课程实施能力

高质量的学前教育课程离不开教师的专业实施。然而，许多教师在课程实施过程中面临着培训不足和能力提升的困境。教师的专业发展不仅要求他们具备教学知识，还需要他们能够适应不断变化的课程改革和新的教学方法。政府和教育机构需要提供更多的在职培训和持续的专业发展机会，帮助教师掌握新的课程理念、教学技术和儿童发展知识，从而更好地实施学前教育课程。

课程改革要求教师具备较强的适应能力。然而，一些教师可能在新课程理念的引入过程中面临挑战，尤其是那些习惯于传统教学方式的教师。为确保课程改革的有效性，教师需要接受关于新课程理念、教学策略和创新实践的系统培训。教师的适应性和灵活性是课程创新成功的关键，因此在课程实施前，学校和教育机构应为教师提供充足的支持和指导，确保他们能够顺利过渡到新的课程框架中。

2. 教师对儿童自主性与指导之间的平衡

学前教育强调儿童的自主学习，但教师在这一过程中扮演了引导者的角色。教师需要在给予儿童自由探索的同时，提供适当的引导，以确保他们的学习能够在自主性与结构性之间找到平衡。过多的干预可能抑制儿童的创造力和主动性，过少的指导则可能导致学习目标的模糊不清。因此，教师需要掌握引导与放手的分寸，既能让儿童自由发挥，又能在必要时提供支持和帮助。

自主学习是学前教育的重要目标之一，教师在课程实施中应当积极创造机会，鼓励儿童进行自主探索和思考。教师可以设计开放性任务和问题，让儿童通过实践和合作解决问题。与此同时，教师需要观察并适时介入，以帮助儿童在面对困难时找到解决方案。在这种教学模式下，儿童能够在一个安全且自由的环境中培养自主学习的能力，增强自信心和解决问题的能力。

（三）教学方法的创新与实践

1. 传统教学与创新教学方法的融合

游戏化学习和探究性学习在学前教育中的应用为课程设计带来了新的活力，但如何将其与传统教学方式有效融合仍是一个挑战。传统教学方式往往具有明确的教学目标和结构，而游戏化学习和探究性学习更强调儿童的自主性和过程性。要实现二者的融合，需要教师在设计教学活动时，既要确保课程目标的明确性，又要保持学习过程的灵活性和趣味性。例如，在一个学习活动中，教师可以通过游戏引导儿童理解概念，同时提供探究性任务，让儿童自主发现知识。

随着信息技术的发展，科技在学前教育中的应用越来越广泛。数字化教学工具、智能玩具和在线学习平台为课程设计提供了更多的选择。然而，如何有效利用科技并确保其教育效果是一个重要问题。科技可以提高儿童的学习兴趣和互动性，但同时也可能导致孩子过度依赖技术而忽视实际的社交和身体活动。因此，教师在引入科技手段时，需要保持平衡，确保科技作为教学辅助工具，而非替代传统教育方法的核心。

2. 基于游戏的教学方法的难点

游戏作为学前教育的主要教学方法之一，其设计质量直接影响课程的效果。高质量的游戏活动不仅需要有趣，还必须与课程目标紧密结合，确保儿童在游戏中学习到必要的知识和技能。然而，在实际操作中，教师往往难以设计出既符合课程目标，又能保持游戏趣味性的活动。教师需要具备创新思维和课程设计的能力，以确保游戏活动能够在轻松的氛围中实现学习目标。

不同文化和社会背景对游戏教学的接受度和理解度各不相同。在一些文化中，家长和教师更倾向于结构化的学习方式，认为游戏可能影响学术准备。这对游戏化教学方法的推广带来了挑战。教师在设计课程时，必须考虑文化背景，调整游戏内容和方式，以确保其适应本土教育需求。同时，教师也需要与家长合作，帮助他们理解游戏在学前教育中的重要性，从而获得更广泛的支持。

第三节　研究意义

一、理论意义

（一）丰富学前教育理论体系

1. 进一步深化对学前教育课程与教学理论的理解和认识

学前教育是儿童身心发展的关键阶段，儿童在这一时期的认知、情感、社会交往能力都处于快速发展之中。针对这一阶段的课程设计和教学实施，不仅仅是简单地传授知识，更需要将儿童的全面发展作为核心目标。因此，本研究通过深入探讨学前教育课程与教学中的核心问题，旨在帮助人们更加全面和深入地理解这一领域的理论。当前的学前教育理论，虽然涵盖了儿童认知、情感、社会等多方面的发展需求，但对于如何在实际教学中将这些要素有效整合，仍缺乏系统的理论支持和实践指导。通过此次研究，我们不仅会进一步剖析这些复杂要素之间的相互作用关系，还将对其在实际操作中的可行性进行评估，从而为现有的学前教育理论体系提供补充和完善，进而为学前教育的实践提供更为明确、操作性更强的理论依据。

2. 拓展学前教育课程设计、教学方法和评价模式的理论框架

学前教育的课程设计、教学方法和评价模式，在全球范围内由于文化、社会背景的差异，呈现出多样化的发展趋势。这使得该领域的理论研究相对分散，且不同文化背景下的教育实践往往难以形成统一的理论框架。因此，本研究不仅旨在对现有的学前教育课程设计和教学方法进行系统的梳理和分析，还将结合不同的教育背景，提出

具有创新性和普适性的评价模式。尤其是通过对课程的动态设计、游戏化学习、探究性学习等创新教学方法的研究，将为学前教育课程的多元化发展提供新的理论支持。在评价体系方面，本研究将从儿童发展的实际需求出发，探索和提出更加灵活、适应性更强的评价模式，从而弥补传统评价方法的不足。这些创新不仅有助于提高理论框架的全面性，还将提升其在实际教学中的适用性和操作性。

3. 为后续学者提供更具体系化和创新性的研究成果

尽管学前教育领域在过去的几十年里取得了显著的进展，特别是在课程设计、教学模式以及师资培训方面，但在一些关键领域，尤其是涉及如何更好地实现个性化教育、多元文化背景下的课程适应性等问题，仍然缺乏深入的研究和探讨。本研究通过系统性分析，不仅将为这些未被充分研究的领域提供新颖且具实践意义的研究成果，还将为后续学者的进一步研究提供方向和思路。我们的研究不仅涵盖了当前学前教育理论中的热门议题，如儿童的自主学习能力发展、游戏化教学的有效性等，还将深入探讨一些未被充分研究但具有重要潜力的领域，如跨学科课程设计、教师在学前教育中的多重角色扮演等。通过这些探索性研究，本研究将为学前教育理论注入新的活力，填补现有理论中的空白，并为后续的学术研究提供坚实的理论基础和发展路径，推动学前教育理论的进一步完善和创新。

（二）促进学前教育学科发展

1. 通过研究成果推动学前教育学科的学术积累和理论更新

本研究将为学前教育学科的发展提供坚实的理论支持，力求在现有学术基础上实现更深层次的理论积累和创新。随着社会结构、家庭教育环境、儿童发展需求的不断变化，学前教育的理论体系也面临着相应的调整和革新。当前，国内外在学前教育领域内的研究成果虽然日益丰富，但在全球化和信息化的背景下，如何有效整合并进一步提升这些理论的适应性与科学性，仍然是一个亟待解决的问题。本研究通过深入分析和比较不同国家和地区的学前教育模式，结合其背后的文化、社会背景，提炼出具有普遍适用性的课程设计、教学方法及评价机制。研究的结果将不仅仅停留在理论探讨层面，而是通过具体的案例分析与实证研究，推动学前教育理论的系统更新，助力学前教育学科在学术界的积累与进步。这不仅为学科提供了前瞻性的理论框架，也为实际教育工作者提供了可行的操作指南。

2. 结合新兴教育理念，促进学前教育学科的交叉与融合

现代学前教育的研究趋势表明，随着教育对象和教育环境的多元化，传统的单一

教学理论已不足以应对当前日益复杂的教育需求。新兴的教育理念，例如探究性学习、游戏化学习、个性化学习等，正逐步成为学前教育领域研究的重要方向，并在实践中获得了广泛的关注和应用。本研究旨在深入探讨这些新兴教育理念的核心内涵，并探索其在学前教育实际教学中的有效应用。通过将这些新兴理论与学前教育的实践需求相结合，研究不仅丰富了学科的理论体系，还推动了学前教育与其他相关学科之间的跨界合作与融合。例如，探究性学习能够培养儿童的自主学习能力，而游戏化学习则有助于激发儿童的学习兴趣和积极性。这些理念的引入，不仅提升了学前教育的多样性和灵活性，还为应对不同社会文化背景下的教育挑战提供了有效的理论依据和实践路径，从而更好地满足现代学前教育对多样化教学模式的需求。

3. 引领学前教育学科整合，提升学科影响力

学前教育作为一门独立的学科，虽然已有了较为成熟的理论体系，但它与诸多其他学科，如心理学、社会学、信息技术等，仍然保持着紧密的联系和互动。近年来，学科之间的交叉研究越来越成为推动理论创新和实践进步的重要途径。本研究将从跨学科的视角出发，重点结合心理学中的儿童认知发展理论、社会学中的教育公平与社会化理论，以及信息技术对教育模式的影响，探索如何通过这些学科的整合推动学前教育的综合性发展。例如，心理学在儿童行为与认知模式研究上的成果，可以为学前教育课程设计提供更为科学的依据，而社会学对家庭教育、社会环境与教育公平的研究则可以为学前教育提供更具包容性的实践框架。同时，随着信息技术的迅猛发展，数字化教育资源的应用也为学前教育教学工具和方法的创新提供了前所未有的可能性。通过整合这些跨学科的研究成果，本研究不仅将提升学前教育学科的理论深度，丰富其研究视角，还将进一步增强其在学术界和教育实践中的影响力，推动学前教育学科在未来的发展中实现更加全面的突破与创新。

二、实践意义

（一）为提高学前教育质量提供参考

1. 为改进教学实践提供理论依据

本研究将通过深入分析学前教育课程与教学中面临的核心问题和挑战，为一线教师及教育管理者提供重要的理论支持和实践指导。在当前的学前教育体系中，许多教师普遍面临教学方法过于单一、课程设计缺乏灵活性和创新性的问题，这在一定程度上限制了教学的有效性和幼儿的多元化发展。本研究通过实证分析与典型案例的深度研究，不仅能揭示出这些问题的根源，还将提出针对性的解决方案。这些解决方案将基于数据的分析和理论的探讨，为教师在设计和实施课程时提供科学依据，帮助他们从理论高度理解课程内容的构建与教学方法的创新。通过理论与实践的结合，本研究将推动教学实践的改进，提升教学质量，使学前教育更加符合儿童的成长需求，为实际教育工作者提供可以操作、易于应用的教学策略，最终推动学前教育的全面进步。

2. 帮助提高幼儿园课程的有效性和多样性

我国幅员辽阔，各地区在文化背景、经济水平、教育资源等方面存在显著差异，因此，统一化的课程模式往往难以有效适应各地的具体需求，尤其是在农村和偏远地区，现有的课程体系往往面临适应性不强、教育资源不足等问题。本研究将通过对各地区教育环境和需求的深入分析，提出更加具有灵活性和适应性的课程设计建议，特别是针对农村和偏远地区的学前教育，提供切实可行的课程解决方案。通过对地区差异的充分考量，研究将探讨如何为不同文化背景、经济水平和资源条件的地区定制课程，确保每个地区的学前教育都能适应本地的需求。同时，本研究还将重点针对不同年龄阶段的儿童，提出分阶段、个性化的课程设计建议。这些建议将依据儿童不同的发展阶段特点，确保课程内容与他们的认知发展水平相适应，从而提升课程的有效性和多样性，帮助幼儿园教育更好地促进儿童的全面发展。

3. 帮助一线教师更好地应对教育挑战

教师的专业能力是影响学前教育质量的核心要素之一。当前，许多教师在课程设计、教学组织以及课堂管理方面面临诸多挑战，尤其是在资源有限、师资短缺的地区，教师的应对能力显得尤为重要。本研究将通过系统分析现有的教师培训体系，提出创新性的教师培训方法，帮助一线教师提升他们在教学中的实际操作能力。通过引入新的教学理念和实践方法，本研究将为教师提供更加有效的课程设计与实施策略，帮助他们在日常教学中应对多样化的教育挑战。特别是在资源匮乏的教育环境中，教师如何灵活运用有限的资源、优化教学效果，是本研究的重要议题之一。同时，研究将为教师提供具体的应对多样化学生需求的策略，例如如何因材施教、如何通过个性化教学方法满足不同儿童的发展需求等。通过这些实践指导，教师将能够更好地管理课堂，提升教学效率，最终推动学前教育质量的提升，使教育更加贴近儿童的个性化需求，满足他们多样化的学习和成长需求。

（二）为制定相关政策提供依据

1. 为教育部门制定更加合理和科学的学前教育政策提供支持

学前教育政策的制定和调整需要依赖于扎实的研究基础和翔实的数据分析，只有基于科学的研究才能确保政策的合理性和有效性。本研究通过对学前教育课程设计、教学实施、资源配置等关键问题的深入分析，旨在为教育管理部门提供有力的理论和数据支持。当前，学前教育体系在快速发展过程中，仍面临着诸如教育公平、课程资源分配不均、教学质量参差不齐等问题，这些都需要通过系统的研究来进行有效诊断和改进。本研究将揭示这些问题背后的深层次原因，特别是在农村与城市、发达地区与欠发达地区之间的资源差异和教育机会不平等等方面，提出具体的改进建议。通过这些实证分析，教育政策的制定者可以更好地了解当前学前教育体系中的实际挑战，进而为政策的优化和调整提供有力依据。本研究也将对政策的改进方向提出具体建议，确保教育政策不仅具备科学性，还能够切实符合实际需求，促进学前教育的长期健康发展。

2. 为政府在资源分配、师资培养、课程标准等方面的决策提供依据

在推进学前教育的过程中，国家和地方政府面临着多重挑战，尤其是在如何优化有限的教育资源分配、提高教师队伍的素质、制定科学合理的课程标准等关键领域。针对这些问题，本研究将提供详尽的分析和研究成果，为政府的决策过程提供切实的参考。例如，研究将重点探讨在资源分配上如何通过政策手段更有效地缩小城乡和区域之间的教育资源差距，确保农村和边远地区的学前教育获得应有的支持与发展。除此之外，师资培养是学前教育质量提升的核心之一，本研究将通过对当前师资培训体系的评估与分析，为政府提出改进教师培训体系的建议，确保学前教育教师不仅能够获得系统、持续的职业发展支持，还能够通过政策激励，吸引更多优秀人才加入学前教育领域。在课程标准的制定方面，本研究也将根据不同地区和教育环境的差异，为政府提供个性化的课程标准建议，确保课程设计能够灵活适应不同地区的实际需求，从而提升学前教育的整体质量。

3. 推动学前教育政策向普惠、公平和高质量发展

政策的制定仅仅是学前教育提升过程中的一部分，政策的执行和落地才是确保其取得实际效果的关键环节。本研究不仅旨在为学前教育政策的制定提供科学建议，还将重点关注政策在实施过程中可能面临的挑战与瓶颈，提出具体的政策实施策略，以

确保政策的有效落地。通过对政策执行效果的实地考察与案例分析，本研究将为教育管理者提供操作性强的指导，确保政策不仅能够在各级教育体系中顺利推广，还能够真正惠及广大的学龄前儿童。特别是在推动学前教育向普惠性、公平性和高质量方向发展的过程中，本研究将提出如何优化教育资源的普及，如何保障不同社会经济背景的儿童平等享有优质学前教育的机会，以及如何提升整体教育质量的可操作性策略。这些研究成果将为政府和教育部门实现"幼有所育"的教育目标提供强有力的政策和实践支持，推动我国学前教育走向更加普惠、公平和高质量的未来。

三、社会意义

（一）促进教育公平

1. 推动社会各界对教育公平问题的关注

本研究旨在通过深入分析城乡、地区和社会阶层间的学前教育资源分配不均现象，揭示不同背景儿童在接受学前教育机会方面的显著差距。随着社会的发展，教育公平问题日益受到关注，而学前教育作为儿童成长的重要阶段，教育资源的不均衡更会对他们的未来产生深远影响。本研究通过数据分析和案例研究，详细揭示了贫困地区和弱势群体在获取优质学前教育方面所面临的诸多挑战，例如教育设施不足、师资力量薄弱、课程设计单一等问题。这一系列问题不仅关乎个体的教育机会，也关系到社会的整体发展和公平正义。通过这项研究，社会各界能够更为全面地理解当前学前教育中的公平问题，尤其是那些在资源分配上处于劣势的地区和群体。研究结果将有助于引发公众、政府、教育工作者和非政府组织对学前教育公平问题的高度关注，推动更多社会力量和资源投入改善教育公平的实际行动中，为构建更加公正、包容的教育体系提供有力支持。

2. 助力提升贫困地区和偏远地区儿童的教育质量

本研究特别聚焦于贫困地区和偏远地区的弱势群体，探讨这些地区儿童在接受优质学前教育过程中所面临的障碍与挑战。由于经济、地理等多重因素的制约，这些地区的教育质量往往难以与城市地区或经济发达地区相提并论，儿童无法享受到与其他地区同等的教育资源和学习机会。本研究通过详尽的数据分析、实地调研以及典型案例的展示，揭示了弱势群体儿童在教育资源获取上的不足，并深入分析其背后的成因。研究将为如何提升这些地区的教育质量提供有力的证据支持，针对教师培训不足、课程内容不适应当地实际需求、教育设施短缺等问题，提出具体的解决方案。通过识别政策和资源分配中的不足，研究还将为政府制定和优化专门面向贫困和偏远地区儿童的教育干预政策提供科学依据，帮助这些儿童获得平等接受高质量学前教育的机会，从而缩小与发达地区之间的教育差距，助力实现教育公平。

3. 促进资源平等分配，实现学前教育的广泛普及和均衡发展

学前教育的普及和均衡发展不仅依赖于国家政策的支持，还需要社会各界对资源分配的科学规划和合理使用。当前，地区之间、城乡之间的学前教育资源配置存在较大差距，严重影响了教育的均衡发展。本研究通过对这些不均衡现象的详细剖析，提出了针对性的资源优化配置建议。通过深入研究各地区的教育资源现状，特别是在偏远农村地区和城市边缘社区，研究将揭示教育资源分配中的结构性问题，例如教育资金的投入、师资力量的流动、教育设施的建设等。基于这些分析，本研究将为如何更公平地分配学前教育资源提供政策建议和实践参考。尤其是通过推动更多教育资源向欠发达地区、弱势群体倾斜，确保他们能够享有与其他地区儿童同等的教育机会。研究还将提出促进教育资源有效流动的策略，确保教师、资金、设备等重要资源能够更加合理地配置，以实现学前教育的广泛普及和均衡发展。通过推动教育资源的平等分配，本研究不仅有助于学前教育的质量提升，还将为社会的长期公平与和谐发展奠定坚实基础，推动实现教育资源共享、社会公平发展的理想目标。

（二）提高国民素质

1. 增强儿童早期的认知能力、社交能力和情感发展

学前教育是为儿童认知能力、社交技能和情感发展奠定基础的关键时期，是孩子们逐步建立自我意识和对世界认知的初始阶段。本研究通过深入分析学前教育的核心作用，提出了符合儿童认知与心理发展特点的课程设计与教学方法，强调了在这一阶段提升教育质量的重要性。针对儿童的认知发展，研究将提供具体的策略，帮助他们在逻辑思维、语言能力、问题解决能力等方面得到系统性的培养。同时，在社交技能和情感发展方面，研究将探讨如何通过合作学习、角色扮演等方式，帮助儿童学会如何与他人沟通、分享和协作，并通过情感教育提高他们的情绪管理能力和同理心。通过本研究成果的有效应用，儿童能够在学前教育阶段建立坚实的认知、社交和情感基础，不仅为未来的学习和生活做好准备，还将有助于个体的长远发展。这种基础性的提升不仅增加了个人发展的潜力，还为整个社会的国民素质提升提供了坚实的保障。

2. 促进儿童全方位的素质培养，助力塑造全面发展的社会公民

儿童的全面发展不仅仅限于学术成就，还涵盖了认知、情感、身体运动、社会技能等多个方面。本研究着眼于儿童综合素质的提升，强调学前教育在塑造未来社会公民中的关键作用。通过科学合理的课程设计和创新的教学策略，研究将帮助儿童在多个维度得到均衡发展。例如，在身体运动方面，研究将提出如何通过游戏化学习和活动课程，促进儿童的身体协调性和运动能力；在社会技能方面，将探讨如何通过合作和互动，提升他们的团队合作精神和社会责任感。这种全方位的素质培养，不仅能够帮助儿童在未来的学术生涯和职业生涯中取得成功，还能让他们具备独立思考、创新能力以及与他人有效合作的能力。通过这些培养，儿童将成长为具备全面素质的社会公民，能够为未来的社会进步和可持续发展作出积极贡献。他们不仅是学术领域的未来精英，更是推动社会多元发展的中坚力量。

3. 推动社会整体素质的提升

学前教育不仅关乎个体的成长与发展，也对国家的长远发展和现代化进程具有深远的影响。本研究的成果不仅在短期内提升了学前教育的质量，还为国家教育现代化提供了重要的智力支持和理论基础。通过培养具备创新能力、社会责任感和独立思考能力的儿童，学前教育已成为国家未来人才储备和智力资源发展的关键环节。本研究提出的政策建议和教育改进策略，将为政府和教育机构提供实质性参考，帮助教育机构更好地培养适应现代社会需求的高素质人才。特别是在当前全球化和信息化发展的背景下，具备创新精神和团队协作能力的人才显得尤为重要，而这些素质的培养必须从学前教育阶段开始。通过本研究推动学前教育政策和实践的改进，国家能够在未来涌现出更多高素质的人才，从而有效提升整个社会的整体素质，推动社会的全面进步和国家现代化进程，为国家的未来发展提供强有力的教育基础和人才保障。

（三）支持家庭和社会发展

1. 帮助他们更好地支持儿童早期发展

家庭是学前教育的重要组成部分，家长在儿童早期发展中的作用不可或缺。儿童的认知、情感和社交能力的培养，不仅依赖于学前教育机构的专业指导，也深受家庭环境的影响。本研究通过揭示符合科学的教育理念和实践方法，为家长提供全面的指导，帮助他们在日常生活中更好地支持儿童的成长与学习。具体来说，研究将帮助家长理解不同阶段儿童在认知、情感、社交等方面的独特需求，并提供具体的策略，指

导他们如何通过日常互动、游戏、阅读等方式，促进儿童的多方面发展。通过这些指导，家长能够有效减轻在教育过程中的困惑和焦虑，掌握更具科学性和操作性的育儿方法，使家庭教育与学前教育相互配合，共同促进儿童的健康发展。这不仅增强了家长在育儿过程中的信心，还能够为儿童奠定更坚实的早期发展基础。

2. 提升家庭对学前教育质量的判断能力

在为孩子选择适合的学前教育机构和课程时，许多家长往往感到迷茫，不知道如何评估教育质量或课程是否真正适合孩子的成长需求。为此，本研究通过对不同学前教育模式的深入分析，为家长提供更多客观、可靠的信息，使他们能够更清晰地判断幼儿园或其他教育机构的教学质量、课程设计的适应性以及教育环境的整体水平。研究成果将帮助家长建立科学的判断标准，使他们在选择教育机构时，能够从多个角度考量，如课程是否符合儿童的兴趣和发展阶段、教师的专业水平、教育理念是否符合家庭的价值观等。通过掌握这些评估能力，家长能够根据孩子的个体需求和家庭的实际情况，做出更加明智和适合的选择，确保孩子在最适合的环境中接受教育，获得全面发展的机会。这不仅提升了学前教育的透明度，也有助于推动教育机构的质量提升，形成良性竞争，进一步提高整个学前教育领域的整体水平。

3. 促进家庭、学校、社会之间的良性互动，构建和谐的社会环境

学前教育不仅是学校和家庭的责任，更需要社会各界的广泛支持和参与。儿童的全面发展需要来自家庭、学校和社会的协同努力，尤其是在当今多元化和快速变化的社会环境中，学前教育的成效与社会资源的投入密不可分。本研究通过对学前教育社会支持系统的分析，提出如何加强社区、政府和社会组织在学前教育中的角色，从而构建一个更加有力的社会支持体系。研究将探索如何通过政策支持、社会组织的参与以及社区的资源整合，为学前教育提供更加全面的支持，帮助缓解教育资源分配不均的问题。通过加强家庭、学校和社会之间的沟通与合作，研究将推动更多的社会资源流向学前教育领域，促进各方的良性互动，为儿童创造更加包容和支持的教育环境。同时，这种多方协同作用不仅有助于个体儿童的成长，也将在更广泛的层面上构建更加和谐的社会氛围，提升整体社会福利，最终推动社会的可持续发展和进步。

第二章　现代学前教育理念综述

在现代教育理念的演进中，主体性与个性化教育理念逐渐成为教育改革的核心议题。主体性教育理念强调每个个体在学习过程中的自主性与能动性，倡导教育应尊重并激发学生的内在动机，使他们成为学习的主动参与者和探索者。而个性化教育理念则聚焦于每个学生的独特需求和个性差异，主张通过定制化的教学内容与策略，最大限度地发挥学生的潜能，推动全面而个性化的发展。

第一节　现代教育理念的内涵

一、现代教育理念的定义

（一）现代教育理念的基本概念

现代教育理念是指与当代社会发展相适应的一种教育思想和方法论，其核心在于推动全面发展的人才培养，适应快速变化的社会、经济和技术环境。现代教育理念不仅仅强调知识的传授，更关注学生的全面发展，包括认知能力、创新能力、社会责任感和道德品质的培养。这一理念主张教育应面向未来，培养具备解决实际问题能力的学习者，而不仅是简单的知识接受者。

现代教育理念的提出源于对传统教育方式的反思。它呼吁将学生置于教育的中心，认为教育不仅要适应学生的个性化需求，还应提供更灵活、多样的学习方式。现代教育理念还强调终身学习的观念，认为学习不仅是学龄阶段的任务，更是一生中的持续过程。因此，现代教育理念强调在学校教育之外，社会教育和自我教育的作用越来越重要。

（二）传统教育理念与现代教育理念的区别

传统教育理念和现代教育理念在教育的核心目标、教学方式、教师角色以及学生的学习体验上存在显著差异。

1. 传统教育理念：以教师为中心、强调知识传授

传统教育理念的核心是教师中心论，在这种模式下，教师被视为课堂中的权威和知识的主要来源。教师通过系统化的课程和教材将知识传授给学生，而学生在这一过程中扮演的是被动接受者的角色。课堂上，教师通常通过讲解、板书等方式，将知识逐步传递给学生，学生主要依赖于教师的指导和教材内容进行学习。

（1）强调知识的标准化：传统教育理念高度重视知识的标准化，课程内容和教学大纲严格遵循预定的标准和目标。这种标准化的教学方式能够确保每名学生在相同的时间内学习相同的内容，以达到统一的学业要求和考试标准。这种模式下，学生的学习目标主要是掌握和记住所学知识，教师的教学评价也多集中在学生的记忆能力和应试能力上。

（2）考试成绩为导向：在传统教育中，考试被视为衡量学生学习效果的主要标准。教师通过考试成绩评估学生的知识掌握情况，考试成绩成为衡量学生学业成功与否的主要指标。这种应试导向的教育模式在过去的工业化社会中发挥了重要作用，培养了大量符合社会需求的标准化劳动力。这种教育方式有利于确保大规模生产过程中所需的技能得到广泛传播，并且能够快速复制生产所需的人力资源。

（3）强调纪律和统一性：传统教育理念强调课堂纪律，学生需要遵守严格的课堂规则，按部就班地完成教师布置的学习任务。学习的过程往往是一种高度控制的状态，学生需要在规定的时间内完成特定的学习任务，课堂内强调的是整齐划一的教育方式，学生的个性化发展受到一定限制。

2. 传统教育理念的局限性

尽管传统教育理念在过去的工业化社会中具有明显的优势，但随着社会的进步和信息技术的快速发展，其局限性也逐渐显现出来。现代社会的复杂性、信息的高度流动性以及知识的迅速更新，要求教育方式也必须随之改变。

（1）缺乏对创新能力的培养：传统教育过于注重知识的传递和记忆的重复，而忽视了对学生创新能力和批判性思维的培养。在现代社会中，创造力和创新能力成为关键竞争力，社会需要的不仅仅是标准化的劳动力，还需要能够提出新思路、解决新问题的创造性人才。传统教育模式往往难以提供足够的空间和时间让学生进行独立思考和创新实践。

（2）学生的被动性与学习兴趣的削弱：在传统课堂中，学生的角色相对被动，他们主要依赖教师提供的知识，缺乏自主学习的动力。这样的教学模式容易削弱学生的学习兴趣和积极性，让学习变得机械和无趣。而在现代社会，学习不仅仅是应试的需求，更需要终身学习的意识和能力，这要求教育更能激发学生的学习热情。

（3）忽视软技能和综合素质的培养：传统教育倾向于专注于学科知识的传授，而忽视了对软技能的培养。现代社会中，沟通能力、团队合作、跨文化理解、情感管理等软技能变得越来越重要。单一的知识掌握已经不足以应对未来复杂的职业环境和多元的社会需求，学生需要具备多方面的综合素质才能在未来社会中立足。

3. 现代教育理念：以学生为中心、注重个性化发展

与传统教育相比，现代教育理念发生了根本性的转变，强调以学生为中心，鼓励学生的自主性、个性化发展以及探究性学习。这种教育理念不仅关注学生的学业成绩，更注重学生的综合能力发展，帮助他们适应快速变化的社会环境和职场需求。

（1）自主学习与个性化教育：现代教育理念将自主学习作为教学的核心，强调学生在学习过程中应该成为主动的参与者，而不是被动的知识接受者。教师通过引导和启发，让学生发现问题并积极寻找解决方案。这种教学方式鼓励学生发挥自己的好奇心和创造力，在探索和实验中发展自己的能力。此外，现代教育强调个性化发展，即尊重每个学生的兴趣、天赋和学习风格。教师为学生提供多样化的学习资源和灵活的学习方式，帮助他们根据自己的需求进行自主选择和发展。

（2）探究性学习与合作学习：现代教育更加注重培养学生的探究精神和团队合作能力。学生通过项目制、实验、讨论等多种方式进行探究性学习，这种学习方式不仅培养了学生的批判性思维，还增强了他们的实践能力。同时，合作学习也在现代教育中占据重要位置，通过小组讨论、项目合作等方式，学生学会了如何与他人协作，如何通过集体智慧解决复杂问题。这种学习方式为学生提供了更多的机会去体验真实世界中的团队合作和群体决策，为未来的社会生活和职业发展奠定了坚实的基础。

（3）软技能与跨学科能力的培养：现代教育不仅重视学科知识，还非常关注对学生软技能的培养。这包括沟通能力、团队合作、情感管理、跨文化理解等综合能力，帮助学生更好地适应多元文化的全球化背景。此外，现代教育理念鼓励跨学科学习，通过将不同学科的知识结合起来解决问题，培养学生的系统思维和跨界创新能力。

4. 教师角色的转变：从知识传授者到学习引导者

在现代教育理念下，教师的角色也发生了显著变化。教师不再是课堂上唯一的知识源头和权威，而是成为学生学习的引导者和支持者。

（1）学习引导者和支持者：现代教育理念要求教师为学生提供更多的学习引导和支持，而不是单纯地传授知识。教师通过设计探究性活动、提供多样化的学习资源以及鼓励学生独立思考，帮助学生在自主探索中发展思维能力。同时，教师也要为学生提供适时的反馈，帮助他们在学习过程中找到自己的方向。

（2）适应学生个性化需求：教师的角色从统一的知识传授者转变为适应学生个性化需求的教育者。每个学生都有不同的学习风格、兴趣和能力，教师需要因材施教，提供个性化的支持。通过观察和了解学生的学习特点，教师能够为学生设计出更具针对性的学习方案。

传统教育理念强调知识传授和标准化，注重记忆力和应试能力，适应了工业化时代对标准化劳动力的需求。然而，随着社会的发展和信息技术的进步，传统教育的局限性日益显现。现代教育理念更加关注学生的个性化发展、创新能力、批判性思维和软技能培养，强调以学生为中心的自主学习和合作学习。教师的角色也从知识的传授者转变为学习的引导者和促进者，帮助学生适应未来复杂多变的社会需求。

（三）教育理念与教育实践的关系

教育理念是教育实践的理论基础，而教育实践是教育理念的具体实现。二者相辅相成，共同推动教育的发展。在教育实践中，教育理念为教育工作者提供了方向和目标，引导他们如何设计课程、选择教学方法以及评价学生的学习效果。

然而，教育理念与教育实践并非完全一致。教育实践往往受到多种因素的影响，包括教育制度、学校资源、教师的专业水平以及学生的具体情况等。教育理念虽然为实践提供了理论支持，但如何在现实环境中将其转化为可操作的教学行为，需要根据具体情况进行调整和优化。

例如，现代教育理念主张个性化学习，强调因材施教，但在资源有限的情况下，教师很难为每个学生量身定制学习计划。在这种情况下，教育实践者需要在保持教育理念指导的同时，灵活调整教学策略，尽可能实现教育理念与教育实践的统一。

总的来说，现代教育理念为教育实践提供了方向性指导，推动了教育改革和创新。教育实践则通过具体的教学活动验证和完善教育理念，使其更具可操作性和现实意义。

二、现代教育理念的核心要素

（一）以人为本的教育理念

以人为本的教育理念是现代教育的核心原则之一，它强调学生是教育的中心，教育的所有活动都应围绕学生的成长与发展进行设计。传统教育模式中，学生常常被视为被动的知识接受者，教育的重点在于灌输知识，而忽略了学生的个性、兴趣和需求。现代教育理念则完全颠覆了这一观念，主张尊重学生的个体差异，把每个学生看作具有独特潜力的个体，促进其全面发展①。

以人为本的教育理念不仅关注学生的学术成绩，更关注他们的心理健康、道德品质和社会责任感的培养。这一理念的核心是为学生创造一个包容、鼓励个性发展的学习环境，让他们能够在自主的学习过程中发现自我价值，培养独立思考和解决问题的能力。教师在这一理念中从知识传递者转变为引导者，帮助学生自主探索和学习。学校不再只是教授学科知识的场所，更是学生成长、社会化和个性化形成的重要平台。

（二）重视学生个性发展的教育理念

现代教育理念特别强调因材施教，关注每个学生的独特性和差异化发展。每个学生都有自己的兴趣、学习风格和发展路径，因此教育不应采用"一刀切"的方式。相反，现代教育理念主张为每个学生提供适合其个人特点的教育内容和方式，激发学生的学习动机和创造力。

个性化学习的实施需要灵活的教学方法和多样化的学习资源。例如，针对学习能力较强的学生，教师应提供更具挑战性的任务；而对于学习进展较慢的学生，教师则需提供额外的辅导和支持。这种个性化的教育方式不仅能够满足学生的学习需求，还能帮助他们更好地发挥潜能，培养他们的自信心。

同时，重视学生个性发展意味着学校要提供多样化的课程和活动，帮助学生发现和发展自己的兴趣和特长。无论是科学、艺术、体育还是社会服务，学校都应为学生提供丰富的选择，让他们通过广泛的探索找到自己感兴趣的领域，并在这一过程中获得成就感和自我认同感。

（三）强调创新与实践能力的培养

现代社会的快速发展和知识更新要求学生不仅要掌握书本知识，还要具备创新思维和实践能力。现代教育理念因此特别强调通过创新教学方法，培养学生在复杂情境下的实际应用能力。教育不再仅仅是传授现有知识，而是要培养学生在面对未知问题时具备独立思考和创造性解决问题的能力。

---

① 刘晔. 尊重学生个体差异,让教育回归本真:应用分层教学关注学生个体差异的实践研究[J]. 课程教育研究:学法教法研究,2019(12):1.

在创新能力与实践能力的培养中，探究式学习、项目式学习和合作学习等教学方法得到了广泛应用。这些方法鼓励学生在实际操作中学习，通过团队合作来解决真实问题，掌握理论知识并将其应用于实践。通过这样的教学模式，学生不仅学会了如何解决问题，还培养了批判性思维、沟通与协作能力。

此外，现代教育理念主张将创新能力的培养与社会实践相结合，通过社会实践活动、实习和社区服务等方式，让学生了解社会、参与社会，锻炼他们的实践能力和社会责任感。实践教学的引入，能够让学生将理论知识应用到实际情境中，从而深化学生对知识的理解，并提升他们的创新能力和实践技能。

总的来说，现代教育理念的核心要素包括以人为本、重视个性发展和强调创新与实践能力的培养。这些要素共同作用，为学生提供了更加全面和多元化的教育体验，帮助他们成为具有创新能力、社会责任感和自主学习能力的现代公民。

四、现代教育理念的发展历程

（一）现代教育理念的历史渊源

现代教育理念的发展可以追溯到多个世纪的思想积淀，反映了教育理论和实践的不断演进。早期教育理念受到古希腊哲学家如苏格拉底、柏拉图和亚里士多德的影响，这些思想家认为教育是提升个体德性、智慧与社会责任的重要途径。柏拉图在《理想国》中提出了教育应与社会阶层和责任相适应的观点，而亚里士多德则强调培养理性和德性。[①]

随着文艺复兴的到来，人文主义思想逐渐取代了中世纪宗教教育的主导地位。人文主义者如伊拉斯谟、蒙田等人认为教育的目的应是培养全面发展的个体，而不是仅仅为宗教服务。他们倡导对个人潜能的充分发挥，注重实践与科学的结合，这为现代教育理念的发展奠定了思想基础。

进入18、19世纪，启蒙思想家如卢梭、康德和赫尔巴特等进一步推动了教育理念的革新。卢梭在《爱弥儿》中提出"自然主义教育"，强调尊重儿童的天性，让教育适应儿童的自然发展规律[②]。康德则认为教育不仅是传授知识，还要培养道德感和责任感[③]。赫尔巴特在此基础上提出了"教学的心理学基础"，即教育应以学生的心理发

---

① 李健,梁玉梅.柏拉图《理想国》中的教育思想研究[J].开封文化艺术职业学院学报,2020,40(7):2.
② 刘辉,王小丁.卢梭的自然主义教育及对当代儿童教育的启示[J].黑龙江史志,2009(5X):2.
③ 詹世友.道德法则是德性的纲维:康德的道德教育原则及方法探微[J].上饶师范学院学报,2014,34(5):8.

展为依据。这些思想奠定了现代教育理念的基础①。

20世纪初，杜威提出了"实用主义教育"，主张教育应注重经验和实践，强调学生在实际生活中学习和成长的过程②。他的理论深刻影响了现代教育理念，特别是"做中学"的教学法，以及以学生为中心的教育观念。

（二）不同文化背景下现代教育理念的发展

现代教育理念在不同文化背景下表现出丰富的多样性和适应性。尽管教育的核心价值和目标在全球范围内有很多共通之处，但不同国家和地区根据各自的社会、文化和经济条件，形成了独特的教育理念。

1. 西方文化背景下的现代教育理念

在欧美国家，现代教育理念受实用主义、自由主义等思想影响，主张教育的个性化和社会适应性。特别是在美国，杜威的实用主义教育思想被广泛应用，教育被视为培养民主公民、促进社会进步的重要工具。教育不仅要传授知识，还要帮助学生发展批判性思维、解决问题的能力和社会责任感。欧洲国家如芬兰和德国则注重教育的普及性和公平性，强调创造适合每个学生的学习环境，培养全面发展的个体。

西方的现代教育理念还强调多样化和包容性，注重个体差异与文化多样性。例如，包容性教育理念提倡在课堂中接纳各种背景的学生，不论他们的社会经济状况、文化背景或学习能力如何，所有学生都应获得公平的教育机会。

2. 东方文化背景下的现代教育理念

东方文化，特别是东亚文化背景下，现代教育理念受儒家思想的深刻影响，注重集体主义和社会责任。传统儒家教育理念强调"修身齐家治国平天下"，教育被视为个人道德修养和社会责任的培养过程。在中国、日本、韩国等国家，教育不仅要关注个体发展，还要培养社会责任感和集体意识。

然而，随着全球化和现代化进程的推进，东方国家的教育理念逐渐吸收了西方现代教育思想，形成了融合东西方优点的教育模式。例如，我国的教育体系近年来在重视基础知识的同时，逐步强调创新能力、实践能力以及个性化发展。日本则在注重学术严谨的基础上，推行"全人教育"，鼓励学生在德、智、体、美等方面全面发展。

---

① 张伟,李兴韵. 赫尔巴特和杜威教育思想差异性比较:教育目的、教育管理思想和教学论[J]. 现代教育科学,2012.
② 马志芳. 杜威实用主义教育思想对我国中学数学教育的影响[D]. 内蒙古师范大学,2004.

3. 发展中国家现代教育理念的发展

在许多发展中国家，现代教育理念的发展面临着资源有限和基础设施薄弱的挑战。尽管如此，许多国家在全球教育改革潮流中积极探索适合本国国情的教育模式。例如，非洲和南美一些国家重视通过教育实现社会公平与经济发展的目标，推动教育机会的平等化。这些国家的教育理念强调教育的普及性，特别是在农村和贫困地区，努力确保每个儿童都能接受基础教育。

同时，许多发展中国家也在引入和应用信息技术，以弥补教育资源不足的问题。在线教育、远程教育等模式的兴起，使得现代教育理念能够更广泛地传播和应用，为更多的学生提供优质的教育资源。

现代教育理念的发展历程是一个不断演进、吸收各方思想和实践成果的过程。从古希腊的哲学反思到启蒙时期的教育改革，再到当代全球范围内的多元文化融合，现代教育理念不断适应和回应社会的变化和需求。在不同文化背景下，现代教育理念展现出丰富的多样性，但其核心始终围绕着如何通过教育推动个人成长、社会进步与全球文明的持续发展。

第二节　现代教育理念的时代特征

一、全球化对现代教育理念的影响

（一）全球化背景下的教育变革

全球化是指国家之间在经济、文化、科技等领域的联系日益紧密，形成相互依赖的全球网络。全球化背景下，教育不仅是一个国家内部的发展需求，更是全球范围内知识、技能和人才竞争的重要领域。现代教育理念在全球化的推动下发生了显著变革，这种变革体现在教学内容、教育模式和学习环境的多方面调整。

首先，全球化加速了信息技术在教育中的应用，推动了在线教育、远程学习和跨国教育项目的发展。学生不再局限于本地教育资源，他们可以通过互联网接触到世界一流的教学资源，参与全球化的学习网络。现代教育理念因此逐步转向开放性和包容性，鼓励跨学科、跨文化的学习方式，培养具备全球视野和多元文化理解能力的学生。

其次，全球化促使各国政府和教育机构反思传统的教育体系，并推动教育改革以应对全球竞争的需求。教育变革不仅限于教学内容的更新，还包括教学方法的创新和教育管理方式的改革。例如，许多国家开始推广跨学科、项目式学习等教学模式，以培养学生的创新能力和实际操作能力，适应全球经济的快速变化。

最后，全球化加剧了教育资源的不平衡，使得教育公平成为现代教育理念中的一个重要议题。在全球化进程中，如何通过教育资源共享、教育技术推广来减少贫富差距、地区差距和文化差距，成为各国共同面对的挑战。

（二）教育的国际化与跨文化交流

全球化带来的另一个重要影响是教育的国际化。随着国家间经济、文化和技术交流的加强，越来越多的学生选择出国留学或参与国际合作项目，跨国界的教育交流日益频繁。国际化教育的核心是让学生不仅仅局限于本国文化和视野，而是能够理解和适应多元文化背景，成为具备全球竞争力的公民。

在国际化的背景下，现代教育理念更加重视跨文化交流能力的培养。课程设置开始融入全球议题，如气候变化、可持续发展、全球健康等，以帮助学生理解和应对全球挑战。此外，外语学习、国际合作项目和学生交换计划的普及，使得学生有机会直接参与跨文化的学习和交流，通过实践拓展他们的国际视野。

现代教育理念强调教育不仅是知识的传授，更是促进文化理解和全球合作的桥梁。通过跨文化交流，学生不仅可以学习到多样化的思维方式，还可以培养跨文化沟通能力、团队合作精神以及对不同文化的包容性，这些能力在全球化时代显得尤为重要。

（三）全球视野下的教育质量提升要求

随着全球化的推进，教育质量的定义也发生了变化。在过去，教育质量更多被理解为学术成就的高低，即学生在考试中的表现如何。然而，在全球化背景下，教育质量的内涵更加多元化，不再仅仅关注知识的积累，而是关注学生的全面发展和他们在全球化环境中的适应能力。

首先，全球化促使各国教育系统相互借鉴和对标，形成了一系列国际化的教育质量标准。例如，国际学生评估项目（PISA）通过跨国考试，评估学生的科学、阅读和数学能力，为各国提供了客观的教育质量比较工具[①]。这种跨国评估不仅使得各国能

---

① 尹雨.为学习而阅读:经合组织国际学生评估项目(PISA)阅读能力评价[J].中学语文教学,2005(5):3.

够明确自身的教育水平，还促使他们不断反思和改进教育政策。

其次，全球化提升了对创新能力和实践能力的要求。在全球知识经济中，国家竞争力不再单纯依赖于劳动力数量，而是取决于其创新能力和技术水平。因此，现代教育理念强调通过培养学生的创新性思维、批判性思维和解决实际问题的能力，来提升教育质量。同时，教育不再仅仅服务于就业市场，而是着眼于培养具有全球适应能力和责任感的公民。

最后，全球化要求教育系统更加注重公平和包容。教育质量的提升不仅仅体现在顶尖学校的表现，更体现在如何为不同背景的学生提供平等的学习机会。全球范围内，各国越来越重视如何通过政策和技术手段，缩小教育资源的差距，实现教育公平。例如，利用在线教育技术将优质教育资源送达偏远地区，帮助更多学生接触到世界先进的教育理念。

全球化对现代教育理念产生了深远影响，促使教育变革、国际化和教育质量提升成为核心议题。教育不仅要满足本国的发展需求，还要培养具有全球视野的学生，帮助他们在多元文化环境中茁壮成长。现代教育理念在全球化进程中不断演进，回应了全球竞争、跨文化理解和教育公平等新的挑战与机遇。

二、信息化与数字化时代的教育理念

（一）信息技术对教育模式的改变

随着信息技术的迅猛发展，教育模式正发生着深刻的变化。信息技术不仅改变了知识的传递方式，还推动了教学方法、学习环境以及师生互动的全面变革。传统的"黑板+粉笔"教学方式逐渐被信息化的教学工具所取代，教育过程中的互动性、个性化和资源丰富度得到了极大提升。

首先，信息技术增强了教学过程的互动性。通过电子白板、学习管理系统（LMS）和多媒体教学工具，教师可以以更生动直观的方式展示课程内容，学生可以通过在线答题、互动平台等即时反馈学习成果，教学变得更加双向和灵活。此外，虚拟现实（VR）、增强现实（AR）等技术的引入，使得复杂的理论知识能够通过沉浸式体验更易于理解和掌握。

其次，个性化学习成为可能。在信息化的学习环境中，基于大数据分析的教育技术可以追踪每个学生的学习进度、理解程度和兴趣点，从而为每个学生定制个性化的学习路径。这样一来，学习者可以按照自己的节奏学习，而不再被传统课堂的统一进度所束缚。对于学习进展较快或较慢的学生，教师可以分别提供更具针对性的帮助和资源，确保每个学生都能获得最适合的学习体验。

最后，信息技术打破了学习的时间和空间限制。通过在线课程、远程教育等形式，学生可以不受地域限制地获取全球顶尖的教育资源。学习不再局限于教室，移动设备的普及使得学习可以随时随地进行。这种"随需学习"的模式使得教育更加灵活，也为终身学习理念的推广奠定了基础。

（二）在线教育与数字化教育资源的兴起

信息技术的发展催生了在线教育和数字化教育资源的广泛应用。这种模式不仅使教育资源得以大规模传播，还为广大学习者提供了灵活、便捷的学习机会，尤其是在全球范围内在线学习平台的崛起中得到了充分体现。

首先，在线教育打破了传统课堂的时空局限，使得学习变得更加灵活和自主。学生可以根据个人的时间安排自由选择学习内容、进度和节奏，这种学习方式特别适合于现代社会中的在职人员、自由职业者以及需要平衡工作与学习的人群。无论是大学课程、职业技能培训，还是兴趣类课程，在线教育为学习者提供了前所未有的便利性和广泛选择。

其次，数字化教育资源为知识的传播和获取提供了丰富的形式。通过视频、音频、互动电子书、在线练习、虚拟实验室等多种数字化形式，学习者能够以多样化的方式学习。比如，MOOCs（大规模开放在线课程）和 SPOCs（小规模私有在线课程）已经成为全球性的重要教育资源平台，提供涵盖从基础教育到高等教育、职业技能等各类内容的课程，许多顶尖大学和机构的优质教育资源因此得以普及。

数字化资源的兴起还使得教学内容得以动态更新。与传统教材相比，数字化资源可以根据知识的发展或行业需求快速调整和更新，确保学生始终学习到最新的内容。这种动态性不仅提升了教学的时效性，还使得知识的传播更加精准和高效。

最后，在线教育的兴起也促进了全球教育公平的改善。通过互联网，边远地区或发展中国家的学生可以接触到全球顶尖的教育资源，教育不再是少数人的特权，而成为普遍可及的公共服务。这一变化有效缩小了地区间、国家间教育资源分配的不均衡，为实现教育公平提供了新的可能。

（三）数字化素养与终身学习的教育理念

在信息化和数字化时代，教育理念发生了根本性转变，数字化素养和终身学习成为现代教育的重要核心。

数字化素养是指学习者在信息化社会中有效获取、处理和应用信息的能力。随着信息技术的发展，掌握数字化工具、评估和管理信息、保护个人数据等能力已经成为现代公民的基本素质。教育不仅需要培养学生的学科知识，还要帮助他们具备应对复杂信息环境的能力。例如，学生需要学会如何在海量信息中辨别真伪、批判性地思考问题，以及如何使用各种数字化工具进行协作和创造。

为培养数字化素养，许多学校在课程中引入了编程、数据分析、网络安全等新兴技能的教学。此外，教师也需要具备良好的数字化教学能力，能够有效使用各种信息化工具辅助教学，确保学生在技术密集型的未来社会中拥有竞争力。

终身学习理念的兴起是信息时代对现代教育的另一大影响。由于科技的快速发展，知识的更新速度空前加快，单纯依赖学校教育所获得的知识已经不足以支撑一个人一生的职业发展。现代社会要求每个人都具备持续学习的能力，不断更新和提升自己的知识与技能，以应对不断变化的工作和生活需求。

在终身学习的背景下，教育不再仅仅局限于学校阶段，在线教育平台、职业培训课程、社会学习网络等多种学习形式应运而生，为学习者提供了随时随地继续学习的机会。终身学习不仅是应对技术变革和职业发展的要求，也是现代社会个体不断自我提升、实现个人价值的关键路径。

信息化与数字化时代的到来深刻改变了教育的理念与实践。信息技术使得教学过程更加互动和灵活，在线教育和数字化资源的兴起让学习者能够自由获取和使用全球的优质教育资源。而在此背景下，数字化素养和终身学习理念成为现代教育的重要组成部分，推动教育从一次性学习转向持续学习，适应信息社会的快速变化和复杂需求。

三、多元化与个性化教育的兴起

（一）学习者个体差异的关注

现代教育理念日益重视学习者的个体差异，认为每个学生都是独特的个体，拥有不同的兴趣、才能、学习风格和发展路径。这种对个体差异的关注源于对传统"统一标准"教育模式的反思，传统的教育方式常常忽视了学生的不同需求，无法充分挖掘和激发每个人的潜力。

现代认知心理学的研究表明，学习者在学习过程中表现出多种差异，包括智力、动机、认知风格以及情感需求等方面。因此，现代教育理念提倡以学生为中心，关注他们的个性差异，因材施教。教师在教学过程中需要认识到学生的不同，并根据学生的特质调整教学内容和方法，提供更有针对性的帮助和支持。这种个性化教学不仅有助于提升学生的学习效果，还能增强他们的自信心，培养他们的自主学习能力。

例如，在课堂教学中，教师可以通过差异化教学策略满足不同学生的学习需求：对于学习进展较快的学生，可以提供更具挑战性的学习任务；而对于学习进度较慢的学生，则提供个别辅导或其他辅助性学习资源。此外，随着教育技术的发展，个性化学习平台的出现，使得教师能够更准确地跟踪和分析每个学生的学习情况，从而制定更加灵活的教学计划。

（二）多元文化对教育内容与方法的影响

全球化进程加速了文化的交融与碰撞，多元文化对教育内容和方法产生了深远的影响。现代教育不再局限于单一文化背景下的知识传授，而是鼓励学生在多元文化环境中学习、思考和成长。多元文化教育的核心在于培养学生的全球视野和文化包容性，使他们能够理解和尊重不同的文化、价值观和生活方式。

多元文化教育不仅体现在课程内容的多样化上，还涉及教学方法的多元化。在课程设置中，学校应当纳入跨文化内容，使学生了解全球范围内不同文化的历史、宗教、艺术、语言和社会结构等，帮助他们形成更加广阔的认知视野。此外，学校也可以通过国际交流项目、跨文化讨论和协作学习等方式，增强学生的跨文化沟通能力和合作精神。

在教学方法方面，多元文化教育要求教师根据学生的文化背景设计适合的教学策略。例如，教师在处理某些文化敏感的议题时，需要尊重不同文化的价值观，并鼓励学生在讨论中表达各自的观点，培养他们对文化多样性的理解。通过这种开放的、多元的教育环境，学生不仅能够更好地应对未来全球化的挑战，还能形成更强的社会责任感和人文素养。

（三）个性化、定制化教育模式的发展

随着教育技术的进步，个性化和定制化教育模式迅速兴起，为学生提供了更灵活、更自主的学习体验。传统的教育模式往往强调统一的教学目标和课程进度，而个性化教育模式则打破了这种"一刀切"的教学方式，倡导根据每个学生的兴趣、需求和能力量身定制学习计划。

个性化教育模式的核心在于让学生在学习过程中享有更多的选择权，能够根据个人的兴趣和节奏自主规划学习内容。这种模式强调学习者的自主性，通过自我引导和

自我调节，学生可以更好地掌握学习的主动权。教师的角色从传统的知识传授者转变为学习的引导者和支持者，帮助学生制定学习目标、提供反馈和指导。

技术的发展，特别是大数据和人工智能的应用，为个性化教育模式的实施提供了强大的支持。例如，智能学习平台可以根据学生的学习数据分析他们的学习习惯、理解能力和知识薄弱点，从而为他们推荐适合的学习资源和内容。这些平台可以自动调整学习路径，帮助学生在适合自己的难度和进度下进行学习，从而最大化学习效果。

定制化教育不仅限于学术课程，还可以涵盖职业技能、兴趣培养等多个领域。例如，职业教育平台可以根据学习者的职业规划提供定制化的课程推荐，帮助他们掌握未来职业所需的技能；艺术教育领域也可以根据学生的艺术兴趣和发展方向提供个性化的培养计划。

总的来说，个性化和定制化教育模式的兴起，重新定义了教育的灵活性和适应性，突破了传统教育的局限。通过更加关注学生的个性需求，现代教育能够更有效地激发学生的创造潜能，培养学生创新思维和解决实际问题的能力。

多元化和个性化教育的兴起，是现代教育理念不断发展的重要体现。对学习者个体差异的关注、多元文化背景对教育的影响以及个性化、定制化教育模式的崛起，代表着教育从统一化走向差异化、从僵化走向灵活的变革趋势。这种变革不仅推动了教育质量的提升，还为学生的全面发展提供了更加丰富的可能性，帮助他们在多变的全球化社会中找到自己的独特定位。

第三节　陈鹤琴教育理念研究

一、陈鹤琴教育理念的基本思想

（一）陈鹤琴教育理念的核心观点："活教育"

陈鹤琴是我国现代教育的重要奠基人之一，他的教育理念"活教育"深刻影响了我国的幼儿教育和基础教育。"活教育"强调教育应该是生动、灵活的，能够适应学生的天性和生活实际，而不是枯燥的、僵化的知识灌输。陈鹤琴提出，教育不仅仅是教书，更重要的是培养学生解决实际问题的能力，让他们在学习中成长为全面发展的个体①。

---

① 顾明远.学生成长在活动中：我提倡"活动教育"[J].基础教育论坛（文摘版）,2015.

"活教育"的核心在于打破传统以知识为中心、以教师为主导的教学方式，转而以学生为中心，注重他们的个性发展和实践能力培养。陈鹤琴认为，儿童的成长具有自然的规律，教育应该顺应这种自然发展，而不是通过强制灌输来达到某种预设的目标。他主张通过丰富的教学内容和灵活的教学方法，让学生在学习中动脑、动手、动口，充分调动他们的兴趣和主动性，从而提高学习效果。

（二）教育与生活的紧密结合

"教育与生活相结合"是陈鹤琴"活教育"理念中的重要原则。他主张，教育应来源于生活，服务于生活，而不应脱离实际、空洞教条。教育应帮助学生解决生活中的实际问题，使他们在生活中学到有用的知识和技能。

在陈鹤琴看来，生活本身就是最好的教材，教育必须紧密结合学生的生活实际，培养他们解决日常生活中遇到问题的能力。为此，陈鹤琴在他的教育实践中提倡"做中学"，即通过生活中的具体实践活动，帮助学生掌握知识和技能。这种教学方法与传统的以课堂灌输为主的教学方式形成鲜明对比。陈鹤琴认为，只有让学生在实际生活中亲身体验，他们才能真正理解和掌握所学的知识。

例如，陈鹤琴在他的教育实践中推崇户外教学活动，带领学生到大自然中去观察和学习。通过与自然的接触，学生可以直接感受到知识的实际应用，例如观察植物的生长、动物的生活习性等。这种学习方式不仅使学生感到新鲜有趣，也能帮助他们更好地理解书本知识与现实世界的联系。

（三）教育实践中的创新方法

陈鹤琴在"活教育"理念的指导下，提出了许多创新的教育方法，特别是在幼儿教育和基础教育方面。他倡导教育要有针对性，必须根据儿童的年龄特点和心理发展规律来设计教学内容和方法。他强调教育过程应该灵活生动，打破传统的刻板教学模式，营造出一个开放、包容、富有创造性的教育环境。

陈鹤琴在他的教学中实施了诸如"游戏教学法"和"体验式学习"等创新方法。他认为，游戏是儿童的天性，游戏活动能促进儿童的身心发展。因此，游戏不仅是孩子们娱乐的方式，也是重要的学习途径。通过游戏，孩子们可以在轻松愉快的氛围中进行知识的积累和能力的培养。例如，陈鹤琴在课堂上设计了一系列富有教育意义的游戏，让孩子们在玩耍的过程中自然地学习和成长。

同时，陈鹤琴特别强调体验式学习，他认为儿童通过亲身实践和感知，能够更好地理解抽象的概念和理论。因此，他的教育实践中非常注重动手能力的培养，鼓励孩子们通过实际操作、实验和观察来学习。这种教学方法不仅培养了学生的动手能力，还激发了他们的好奇心和探索精神。

陈鹤琴还提倡家庭教育和学校教育的结合。他认为，家庭是孩子的第一所学校，家长是孩子的第一任教师。因此，家庭教育与学校教育应该紧密配合，共同促进孩子的全面发展。陈鹤琴主张学校要与家长保持密切的沟通，家长也应积极参与孩子的学习过程，共同创造一个有利于孩子成长的教育环境。

陈鹤琴的"活教育"理念强调教育应与生活紧密结合，以学生为中心，尊重儿童的自然发展规律，通过灵活、创新的教学方法来激发学生的学习兴趣和潜力。他提出的游戏教学法、体验式学习等创新实践，对我国现代教育产生了深远的影响。陈鹤琴的教育思想不仅在他所处的时代具有创新性，也为今天的教育改革提供了宝贵的参考和启示。

二、陈鹤琴教育理念的实施与实践

（一）陈鹤琴"活教育"的具体实践

陈鹤琴在其教育理念"活教育"的指导下，进行了大量的教育实践，特别是在幼儿教育领域。他的"活教育"强调教育要与儿童的生活经验相结合，注重学生的个性发展和实际操作能力。因此，陈鹤琴在实践中倡导将课堂教育与生活教育紧密联系起来，通过灵活多样的教学活动来实现教育目标。

具体而言，陈鹤琴在学校里推行了户外教学、实验教学、游戏教学等多种形式的教学方法。他认为教育不应局限于教室，而应走进大自然和社会，让学生通过观察和实践学习知识。在他的课堂上，学生们常常被鼓励走到户外，参与实地考察、自然观察和动手实验等活动。这种实践性教学帮助学生更好地理解书本知识，同时激发了他们的学习兴趣和探索精神。

此外，陈鹤琴强调教师的角色不仅是知识的传授者，更是学习的引导者和支持者。在他的教育理念中，教师应根据学生的兴趣和发展阶段设计教学内容，引导学生通过实践和探索发现知识，而不是简单地灌输。陈鹤琴在其创办的学校中，广泛推行了这种以学生为中心的教学模式，取得了显著的教学效果。

（二）注重实践与体验的教学方法

陈鹤琴教育理念的核心之一是"做中学"，即通过实践和体验进行学习。他认为，学生不仅要在课堂上听讲，还需要通过亲身参与和动手操作来掌握知识和技能。实践和体验是激发学生学习兴趣、增强知识记忆和理解的重要手段。

在他的教育实践中，陈鹤琴设计了许多动手操作和体验性的教学活动。例如，他鼓励学生在学习自然科学时亲自进行实验和观察，而不是仅仅依赖书本上的理论知识。在生物课上，学生们可能会被带到大自然中观察动植物的生长过程；在手工课上，学生们则会自己动手制作模型，探索材料的性质和应用。通过这种实践性的教学方法，学生不仅能更好地掌握知识，还能培养动手能力和独立思考能力。

陈鹤琴还强调游戏在教育中的重要作用。他认为，游戏是儿童天性的一部分，能促进他们的身心发展。在他的教育实践中，游戏不仅是娱乐的方式，也是学习的途径。通过设计有教育意义的游戏，学生在娱乐中学习知识，既轻松又有效地达成教学目标。这种通过游戏进行教学的方式，体现了陈鹤琴"活教育"中灵活、生动、趣味性的特点。

（三）自然教育与儿童发展的关系

陈鹤琴非常重视自然教育，他认为大自然是儿童最好的课堂。自然教育不仅能够让学生在实践中获得知识，还能促进他们身心的全面发展。在他的"活教育"理念中，教育不应局限于书本，而应融入自然，让学生在亲身体验中理解生命的过程、世界的奥秘，从而培养他们的好奇心、探索精神和热爱自然的情感。

陈鹤琴推崇的自然教育强调通过让儿童接触大自然，增强他们的观察力和探索能力。在他的教学实践中，常常组织学生到郊外或自然保护区进行考察，观察植物的生长、动物的行为以及自然界的变化。他认为，这种与自然的接触能使儿童的感官、思维和情感都得到发展，从而实现全面的教育目标。

此外，陈鹤琴还认为，自然教育有助于儿童形成健康的心理和人格。他认为，接触大自然能够使儿童远离城市的喧嚣，帮助他们在宁静和美好的环境中得到情感上的滋养。这种心理上的平衡和健康对儿童未来的成长至关重要。因此，陈鹤琴主张教育应注重引导学生通过自然观察和户外活动，培养他们的好奇心、观察力和探索精神。

陈鹤琴的自然教育理念也强调人与自然的和谐关系，教育学生尊重自然、保护环境。这种理念在今天的环境教育中依然具有重要的现实意义。

陈鹤琴的"活教育"通过实践和体验，使得教育更加贴近生活和自然。他在教育实施中强调实践性、动手能力和自然教育，注重通过游戏、实验、观察等活动，促进学生的全面发展。陈鹤琴的教育实践体现了教育要适应儿童的天性和生活实际，注重学生的主动参与和探索精神，从而让学生在"做中学"，获得持久的学习兴趣和能力。

二、陈鹤琴教育理念的影响与意义

（一）陈鹤琴教育理念对我国现代教育的影响

陈鹤琴作为我国现代教育的先驱之一，他的"活教育"理念在我国教育史上占有重要地位，对我国现代教育产生了深远的影响。他主张教育要与儿童的生活和发展紧密结合，提出了"做中学"的教育理念，打破了传统的知识灌输模式，使学生成为学习的主体。陈鹤琴的教育思想超越了他所处的时代，极大地推动了我国现代教育改革的发展。

首先，陈鹤琴提倡的"活教育"理念直接推动了我国教育向个性化和实践化方向的转型。在他的倡导下，越来越多的学校开始关注学生的个体差异，调整教育方式以适应学生的不同发展需求。这种"因材施教"的理念在我国现代基础教育中广泛运用，特别是在幼儿教育和基础教育阶段，通过灵活的教学方式激发学生的兴趣和潜力。

其次，陈鹤琴的教育实践深刻影响了我国教育内容的多样化和教学方法的创新。无论是他提出的户外教学、游戏教学，还是体验式学习，都成为现代教育的宝贵遗产。这些方法至今仍在我国的教育体系中被广泛应用，帮助教师创造更加生动、有效的学习环境，提升教学效果和学生的学习积极性。

（二）其思想对幼儿教育发展的贡献

陈鹤琴对幼儿教育的贡献尤为突出，他的"活教育"理念为我国现代幼儿教育奠定了坚实的理论基础。在 20 世纪初，我国的幼儿教育尚处于初步发展阶段，教育内容和方法相对单一。陈鹤琴通过对西方教育理论的借鉴和本土化的实践创新，创建了一套符合我国实际的幼儿教育体系。

陈鹤琴提出，幼儿教育应以儿童的生活经验为基础，通过"做中学"，让孩子在玩耍、体验和观察中学习。这种教育理念打破了传统幼儿教育中对知识灌输的单一性，强调了儿童的主动性和实践能力的重要性。他特别重视游戏在幼儿教育中的作用，认为游戏是儿童学习的自然方式，能够帮助他们在轻松的环境中发展认知、社交和动手能力。

在他的教育理念指导下，陈鹤琴创建了我国最早的幼稚园之一，并通过编写教材、组织培训，推动了我国幼儿教育体系的建立和完善。陈鹤琴还强调家庭教育的重要性，他认为父母是儿童的第一任教师，家庭是儿童的第一个课堂。因此，他主张学校教育应与家庭教育密切结合，共同促进儿童的全面发展。这一思想对我国幼儿教育的家庭—学校合作模式产生了深远影响，至今仍是我国幼儿教育的基本原则之一。

陈鹤琴的教育理念在幼儿教育中的应用，不仅使得幼儿园教学更加灵活、丰富，还帮助孩子们在早期教育阶段就获得了全面发展。通过游戏、户外活动、动手操作等多样化的教学方法，幼儿能够在学习过程中发展认知能力、动手能力、社交能力和情感能力。

（三）陈鹤琴理念在当代教育中的传承与发展

陈鹤琴的教育思想不仅在他所处的时代产生了深远的影响，随着时代的发展，他的"活教育"理念在当代教育中依然具有重要的现实意义，并通过不断地创新与实践得到了进一步的传承和发展。

首先，陈鹤琴"活教育"中所强调的个性化、实践性和生活化教育理念，在今天的教育改革中被广泛应用。随着教育现代化的推进，越来越多的学校和教育者认识到，学生的发展不能依靠单一的知识传授，而是需要结合实践、动手操作和生活体验。因此，现代教育更加注重学生的个性发展，强调动手能力、创新精神和解决实际问题的能力，这与陈鹤琴提倡的教育理念不谋而合。

其次，陈鹤琴提倡的游戏教学法、户外教育和体验式学习等方法，经过现代教育技术的融合，得到了更加广泛的推广。例如，今天的学校通过现代化的教育技术，如虚拟现实（VR）和增强现实（AR），为学生提供了更加丰富的实践体验，使陈鹤琴的教育理念得以在新的教学环境下焕发活力。此外，STEAM（科学、技术、工程、艺术和数学）教育理念的推广，也与陈鹤琴所倡导的"做中学"教育方法相契合。

另外，在当代教育中，陈鹤琴关于家庭教育与学校教育相结合的理念依然具有现实指导意义。随着社会的进步，家长的教育角色日益受到重视，家校合作的模式逐渐成为现代教育的标配。陈鹤琴提出的家庭教育与学校教育相互配合、共同促进儿童发展的思想，成为当代教育中重要的合作框架。

陈鹤琴的教育理念不仅在我国得到了传承，还在国际教育领域产生了影响。许多国际教育项目在设计中借鉴了陈鹤琴的"活教育"思想，特别是在幼儿教育和基础教育领域。他的教育实践为国际社会提供了关于如何激发儿童创造力和实践能力的有效策略，促进了全球范围内教育理念的交流与融合。

陈鹤琴的教育理念对现代我国教育，尤其是幼儿教育的发展，作出了不可磨灭的贡献。他的"活教育"理念，不仅改变了我国传统的教育方式，还推动了现代教育朝个性化、实践化的方向发展。通过倡导游戏教学、户外活动和体验式学习，陈鹤琴的思想在当代教育中继续焕发光彩，成为教育改革和创新的指导原则。在今天，陈鹤琴的教育理念依然在全球教育实践中发挥着重要作用，体现出其长久的生命力和广泛的适用性。

第四节　福禄贝尔教育理念研究

一、福禄贝尔的教育哲学

（一）教育应关注儿童天性的发展

弗里德里希·福禄贝尔（Friedrich Fröbel）是德国著名的教育家，被誉为"幼儿园之父"，他的教育哲学深刻影响了幼儿教育的理论与实践。福禄贝尔的核心教育理念是教育应当关注并尊重儿童的天性发展[1]。他认为，每个孩子从出生开始就具备成长和学习的内在潜能，教育的任务不是去塑造或改变孩子的本性，而是通过适当的引导和支持，帮助孩子自然地发展这些潜能。

在福禄贝尔看来，儿童是独立的个体，具有与生俱来的学习欲望和探索精神。他提出，教育必须尊重儿童的个性化发展，让孩子在自由、创造的环境中，依照他们自己的节奏进行学习和成长。这种"以儿童为中心"的教育理念打破了当时传统教育中教师主导、灌输式的教学方式，主张儿童应成为学习过程的主体，教育的目标在于帮助孩子们理解和探索世界。

福禄贝尔强调，教育不应通过强制或刻板的教学方法来限制儿童的天性，而应鼓励他们的自主性和创造力。他认为，儿童通过游戏和与环境互动来学习和探索世界，教育应该为儿童提供一个安全、丰富、支持性强的学习环境，以便他们可以充分发挥自己的潜力。

---

① 焦依平,朱成科. 福禄贝尔与蒙台梭利两种儿童教育观之比较[J]. 教育科学研究,2017(11):4.

（二）"幼儿园之父"福禄贝尔的基本思想

福禄贝尔是幼儿园教育体系的创始人，他在 19 世纪初首次提出并实践了"幼儿园"的概念。福禄贝尔认为，儿童早期的教育至关重要，幼儿园应成为孩子们在生命初期接受教育的理想场所。他选择"幼儿园"这个名称，象征着孩子们像植物一样，需要在充满关爱和营养的环境中才能健康成长。因此，幼儿园不仅是学习知识的地方，更是促进儿童全面发展的温床。

福禄贝尔的教育思想以人性论为基础，认为人类的成长和发展与自然界的生长过程相似。他认为，幼儿园的任务是为孩子提供适合他们发展阶段的教育，特别是通过玩耍、劳动和创造活动，培养孩子的身体、智力、情感和道德等方面的能力。福禄贝尔特别强调，幼儿教育应促进孩子们对世界和他人的理解，同时也要鼓励他们在集体生活中学会合作、分享和责任感。

作为幼儿园教育体系的奠基人，福禄贝尔开发了大量具有教育意义的教具和活动，如"恩物"（Gifts）和"作业"（Occupations）。这些教具包括简单的几何形状、积木、编织物等，旨在通过儿童的动手操作，帮助他们在游戏和活动中理解抽象的数学、几何、物理等概念。这种通过教具和游戏进行学习的方式，被证明是幼儿教育中最有效的教学法之一。

福禄贝尔的"幼儿园"理念不仅强调知识的传授，更注重儿童的情感、审美、社交等多维度的发展，这一思想对后来的幼儿教育体系产生了深远的影响。

（三）游戏在教育中的核心作用

在福禄贝尔的教育哲学中，游戏占据了核心地位。他认为，游戏是儿童表达自我、探索世界、发展智力和社交技能的重要途径。福禄贝尔指出，游戏不仅是一种消遣和娱乐活动，更是孩子们学习的重要方式。在游戏中，儿童能够自由发挥想象力，主动解决问题，并在与环境和同伴的互动中学习如何与他人合作和沟通。

福禄贝尔将游戏视为儿童理解生活、发展自我意识的自然方式。他认为，通过游戏，孩子们能够体验和理解现实生活中的角色和规则，学习如何与他人建立关系和表达情感。在这一过程中，孩子们不仅获得了学科知识，还通过实践掌握了社会交往能力、动手能力和创造力。福禄贝尔特别强调，教育应通过引导儿童在游戏中探索和发现，使他们在愉快的活动中培养自信心和成就感。

为了实现游戏在教育中的核心作用，福禄贝尔设计了许多游戏活动，并开发了适合儿童成长和学习的"恩物"教具。这些教具通过各种形状、颜色、质地的设计，帮助孩子们在游戏过程中理解抽象的概念，培养他们的逻辑思维能力和动手能力。例如，积木和几何图形的搭建游戏，可以帮助儿童初步理解空间关系、形状和数量等数学概念，同时激发他们的创造力。

福禄贝尔还认为，集体游戏是儿童学会社会化的重要途径。在集体游戏中，儿童能够学会如何与他人合作、分享资源、遵守规则，并在共同完成任务的过程中培养团队精神和责任感。通过游戏，孩子们学会了如何解决冲突，如何表达自己的意见并倾听他人的想法，这些都是他们未来社会生活中必不可少的技能。

福禄贝尔的教育哲学以"活教育"为核心，强调教育应当顺应儿童的天性，尊重他们的个性化发展。他创立的幼儿园教育体系为世界幼儿教育奠定了基础，影响深远。福禄贝尔提出的游戏教学法，将游戏提升为教育的核心活动，认为游戏是儿童学习、探索世界的重要方式。通过自由的游戏和引导性的活动，儿童在身心发展和社会交往能力上得到了全面提升。福禄贝尔的教育思想至今仍在全球幼儿教育中发挥着重要作用，尤其在如何尊重儿童天性、通过游戏进行学习方面，为现代教育提供了宝贵的理论支持和实践指导。

二、福禄贝尔的实践与幼儿教育

(一) 游戏教学法的应用与推广

福禄贝尔在教育实践中最具革命性的贡献之一，就是他提出并推广了"游戏教学法"。他认为，游戏不仅是儿童自然发展的表现形式，更是他们学习和探索世界的主要途径。通过游戏，儿童不仅能激发自身的好奇心，还能在愉快的环境中发展智力、体力、社交能力和创造力。

福禄贝尔认为，游戏是儿童的自我表达，是他们与世界进行互动、学习和理解的一种自然方式。因此，教育者的任务是为儿童提供适合他们天性和发展阶段的游戏机会，并通过引导游戏活动帮助他们理解生活中的各类事物。为了使游戏发挥更大的教育功能，福禄贝尔设计了一系列被称为"恩物"的教具，这些教具包括几何形状、积木、编织物等，能够引导儿童通过手工操作和建构活动理解数学、物理等抽象概念。

福禄贝尔的"游戏教学法"强调游戏是学习的基础，他反对以强制或压制的方式教育儿童，认为这会扼杀他们的创造力和学习兴趣。相反，通过游戏，孩子们可以自由探索、实践和创造，从而在轻松愉快的氛围中发展自己。这一教学法打破了当时教育过于严肃和机械的局限性，使幼儿教育更加生动、灵活，极大地丰富了教学内容和方法。

福禄贝尔的游戏教学法不仅在德国得到了广泛推广，还逐渐影响了世界各国的幼儿教育。许多现代幼儿园在课程设计中沿用福禄贝尔的理念，强调通过游戏激发儿童的兴趣、创造性和学习能力。游戏教学法至今仍被认为是幼儿教育中最有效的方式之一，不仅帮助儿童通过玩耍获得知识，还促进他们的情感、社交和身体的发展。

（二）早期教育中的自由与创造力培养

福禄贝尔非常重视儿童早期教育中的自由与创造力的培养。他认为，儿童在自由的环境中才能充分发挥其天性和潜能，而创造力的发展是儿童健康成长的核心要素之一。在他的教育理念中，教育应当尊重儿童的自主性，提供足够的自由空间，让他们通过实践和探索来发现和理解世界。

在福禄贝尔的实践中，他主张幼儿园应成为一个自由、包容的环境，儿童可以根据自己的兴趣和节奏进行学习，而不是被强制要求遵循统一的教育内容和方式。通过自由选择的游戏和活动，儿童能够发展自己的创造力，培养解决问题的能力以及自主学习的习惯。

为了实现这一目标，福禄贝尔设计的"恩物"教具具有高度的开放性和灵活性，儿童可以通过不同的组合和使用方式进行自由创造。例如，积木和几何图形的搭建活动不仅让儿童理解基本的形状和空间概念，还能激发他们的想象力和创造力，鼓励他们构建出独特的作品。

福禄贝尔认为，创造力不仅是一种智力活动，还涉及情感、动手能力和审美体验。在他的教育实践中，儿童通过手工制作、绘画、音乐等活动，能够自由表达自己的思想和感受，这不仅增强了他们的创造力，还帮助他们形成了对美的理解和欣赏。福禄贝尔坚信，早期教育中的自由和创造性活动是培养儿童全面发展、让他们在未来生活中能够应对挑战和变化的关键。

（三）幼儿园制度的诞生与发展

福禄贝尔最大的贡献之一是创立了世界上第一所幼儿园，他因此被誉为"幼儿园之父"。1840年，福禄贝尔在德国巴德·布兰肯堡创办了第一个"幼儿园"，这个词在德语中的意思是"孩子的花园"，象征着儿童像花朵一样需要在充满关爱和养育的环境中茁壮成长。福禄贝尔提出，幼儿园应成为儿童生活的一个自然延续，是他们接受早期教育的关键场所。

福禄贝尔的幼儿园理念强调，幼儿园不仅是为儿童提供早期知识教育的地方，更是一个让儿童在游戏中自由成长、探索世界的空间。在这里，教师的角色是引导者和支持者，而不是知识的灌输者。幼儿园应为儿童提供丰富的游戏材料和工具，让他们通过动手实践、团队协作等活动获得多方面的发展。这种注重儿童自主性和实践性的幼儿园模式，在当时的教育界具有革命性。

福禄贝尔的幼儿园制度在德国得到了广泛的认可，随后逐渐传播到其他国家。随着他的思想传播到欧美各地，越来越多的幼儿园开始按照福禄贝尔的教育理念进行设计和运营。到19世纪末，福禄贝尔的幼儿园模式已经成为许多国家幼儿教育的基础，并对现代幼儿教育体系的建立产生了重要影响。

今天，福禄贝尔的幼儿园制度仍然是全球幼儿教育的核心组成部分。幼儿园不仅为儿童提供了早期知识教育，还通过自由游戏、艺术活动和自然体验，帮助孩子们在智力、情感、社交和体能等多方面得到全面发展。福禄贝尔的幼儿园理念至今仍在不断发展和演变，适应现代社会对幼儿教育的新需求，同时保持了他最初提出的教育应顺应儿童天性、尊重儿童个体发展的核心思想。

福禄贝尔通过创立游戏教学法、强调自由与创造力的培养，并建立幼儿园制度，深刻改变了幼儿教育的实践和理念。他的教育实践让儿童在自由、开放的环境中通过游戏和实践进行学习和发展，开创了幼儿教育的新时代。福禄贝尔的教育思想不仅在19世纪为世界各国的教育改革提供了新的方向，也在当今的幼儿教育中继续发挥着重要作用。

三、福禄贝尔教育理念的当代价值

（一）福禄贝尔教育思想对现代幼儿教育的影响

福禄贝尔的教育思想对现代幼儿教育的影响是深远而持久的。他开创的"幼儿园"模式和"活教育"理念在全球范围内广泛传播，并成为现代幼儿教育体系的基础。福禄贝尔提出的"尊重儿童天性，关注其个体发展"的教育思想，彻底改变了过去传统幼儿教育中以教师为中心、以知识灌输为主要目标的教育模式。

在当今的幼儿教育中，福禄贝尔的"以儿童为中心"理念仍然是核心原则。现代幼儿园的课程设计、教育目标和教学方法都强调根据儿童的兴趣和发展阶段进行个性化教学，尊重儿童的天性，激发他们的学习动机和探索精神。福禄贝尔主张通过游戏、手工和探索活动让孩子们在实践中学习的理念，与当代教育中的"做中学"理念不谋而合。这种教育方法有助于儿童在早期获得丰富的感知经验，提升动手能力、社交能力以及创造性思维。

此外，福禄贝尔强调家庭教育与学校教育的有机结合，在当代也得到了更广泛的应用。现代幼儿教育中，家校合作模式越来越重要，家长和教师共同合作为儿童的全面发展提供支持。福禄贝尔的家庭教育理念提醒我们，家长不仅是孩子的第一任教师，也是教育过程中不可或缺的伙伴。这一思想至今仍然引导着教育者和家长在儿童早期发展中的紧密合作。

（二）游戏教学法在当代教育中的延续与创新

福禄贝尔提出的"游戏教学法"不仅在他所处的时代产生了深刻影响，还在现代教育中得到了延续和创新。游戏教学法的核心在于通过游戏活动让孩子们自发地学习和探索，这是现代教育实践中极为重要的一部分。福禄贝尔认为，游戏是儿童最自然的表达方式，它不仅仅是一种娱乐形式，更是儿童理解世界和发展自我的重要工具。

在当代幼儿教育中，游戏教学法得到了更加广泛和灵活的应用。许多现代幼儿园继续运用福禄贝尔的思想，通过精心设计的游戏活动来促进儿童的认知、情感和社交能力的发展。例如，拼图游戏帮助孩子们理解空间关系和逻辑思维，角色扮演游戏则增强了他们的语言能力和社交技能。这些活动都体现了游戏作为教育工具的多样性和灵活性。

随着教育技术的发展，游戏教学法也得到了创新。数字化游戏、虚拟现实（VR）和增强现实（AR）等新技术被引入幼儿教育，为儿童提供了更多沉浸式和互动式的学习体验。例如，教育类电子游戏可以通过有趣的任务和挑战，激发孩子们的学习兴趣和动手能力，同时提供即时反馈，帮助他们在游戏中学到知识。这些技术手段丰富了游戏教学法的实施方式，同时保留了福禄贝尔倡导的"在玩中学"的教育理念。

此外，合作性游戏在现代幼儿教育中的广泛应用，进一步深化了福禄贝尔的教育思想。合作性游戏不仅帮助孩子们发展团队精神和沟通能力，还培养了他们的领导力、解决问题的能力和情感管理能力。福禄贝尔所强调的集体游戏的社会化功能，在当代教育中被赋予了更多的价值，成为儿童早期社会化教育的重要组成部分。

（三）福禄贝尔教育思想的国际影响

福禄贝尔的教育理念不仅在他的祖国德国广泛传播，还影响了世界各地的幼儿教育发展。他创立的幼儿园制度和教育哲学在欧美、日本和其他国家被广泛接受和推广，对全球早期教育的发展起到了引领作用。

在欧美国家,福禄贝尔的幼儿园理念成为现代幼儿教育的奠基石。19世纪末至20世纪初,福禄贝尔的教育思想通过教师培训项目和教育研究传播到欧美各国。如今,西方国家的幼儿园体系大多沿袭了福禄贝尔提出的游戏教学法和"以儿童为中心"的教育理念。例如,在美国,福禄贝尔的思想成为幼儿园课程设计的基础,现代幼儿教育理论家如约翰·杜威(John Dewey)也受到了福禄贝尔的影响,进一步发展了"儿童主导的学习"理念。

福禄贝尔的影响力同样体现在亚洲。日本自19世纪末期引入福禄贝尔的幼儿教育思想,迅速推动了幼儿园的建立和发展。日本的幼儿教育体系至今仍然受到福禄贝尔理念的深刻影响,特别是通过游戏促进儿童全面发展的思想成了日本幼儿教育的核心理念之一。同样,我国在20世纪初也广泛借鉴福禄贝尔的幼儿园模式,许多教育改革者将其视为提升我国早期教育质量的重要参考。

此外,福禄贝尔的教育思想也促成了国际教育理念的交流与融合。在全球化的背景下,许多国家的教育政策制定者和研究者不断吸收福禄贝尔教育思想中的精华,结合本国文化与实际需求,发展出符合当地情况的幼儿教育体系。福禄贝尔提出的尊重儿童个体差异、通过游戏培养创造力和社会能力的理念,已经成为全球幼儿教育的普遍价值观。

福禄贝尔的教育理念在当代幼儿教育中展现出强大的生命力和适应性。无论是在现代幼儿园的课程设计中,还是在游戏教学法的延续与创新方面,他的思想都在推动全球幼儿教育不断发展。福禄贝尔的"以儿童为中心"和"游戏是学习的基础"理念不仅影响了许多国家的幼儿教育体系,还在全球范围内促进了幼儿教育的国际化发展与融合。福禄贝尔的教育思想证明了幼儿教育中自由、游戏和创造力的不可替代性,并将继续在未来的教育创新中发挥重要作用。

第五节　蒙台梭利教育理念研究

一、蒙台梭利教育理念的核心思想

(一)"儿童中心"的教育理念

蒙台梭利教育理念的核心在于"以儿童为中心",即教育的重点应放在儿童本身,而非教师或教材。意大利教育家玛利亚·蒙台梭利(Maria Montessori)通过观察儿童行为，发现每个孩子都天生具有内在的发展动力。她认为，儿童是天生的学习者，教育者的任务是为他们提供适合的环境与工具，激发他们的自主学习能力。她的教育理念强调，儿童在早期教育中具有巨大的潜力，教育应尊重儿童的自我发展过程，而不是通过强制手段引导学习。[①]

在传统的教育模式中，教学通常以教师为中心，教师主导课程进度、内容和教学方法，而学生更多的是被动接受知识。然而，蒙台梭利提出，儿童应该是学习的主动者，教育的核心任务是帮助儿童自主探索并掌握知识。她指出，儿童具有自发的学习欲望，他们在适宜的环境中可以独立进行学习活动，教师应扮演"引导者"的角色，帮助儿童找到他们学习的节奏和方向。

蒙台梭利的"儿童中心"理念强调教育必须根据儿童的个性特点和发展阶段来定制。她通过大量的研究与实践，得出每个儿童的成长速度不同，学习方式也有很大差异的结论。因此，教育应该关注个体差异，为儿童提供个性化的学习环境，而不是将所有儿童都置于统一的标准之下。通过尊重儿童的个性，蒙台梭利教育使得儿童在学习过程中能够感受到成就感，并更加自信和主动。

（二）发展适应性教学环境的理论基础

蒙台梭利教育理念的一个重要特点是强调"适应性教学环境"，她认为教育环境在儿童的成长和学习中起着关键作用。为了促进儿童的自我发展，蒙台梭利提出了"准备好的环境"这一概念，即教育空间必须经过精心设计，能够满足不同年龄段儿童的学习需求，并鼓励他们独立进行探索和学习。

适应性教学环境的核心在于"儿童的自由选择"。蒙台梭利主张在教室中提供丰富的、适合儿童发展阶段的教具，让儿童根据自己的兴趣和节奏选择学习活动。教具设计简单、直观，能够引导儿童通过动手操作来理解复杂的概念。例如，蒙台梭利的数学教具通过具体物品帮助儿童理解数字、形状和数量之间的关系，使抽象的数学概念变得形象化和具体化。

在这个环境中，教师的作用不是直接教授知识，而是为儿童提供学习所需的材料，并创造一个支持性的氛围，允许儿童按照自己的步调进行学习。这种方法鼓励儿童通过反复实践和自主探索来解决问题，培养他们的独立性和专注力。

蒙台梭利认为，适应性教学环境应该是安全、温馨的，并且能够激发儿童的好奇

---

① 陆克俭. 蒙台梭利：探究儿童心灵世界的开创者[J]. 早期教育：教育教学,2006(4):2.

心和创造力。环境中的物品和教具都应易于儿童获取，以便他们能够自主选择活动并进行操作。每个教具都具有特定的教育目的，帮助儿童在操作中发展智力、感官和手眼协调能力。这样，孩子们就在无意识中学习和掌握了大量的知识和技能，而这些都是通过他们对环境的积极探索所获得的。

（三）教育应尊重儿童的自然发展

蒙台梭利教育理念的另一个关键原则是尊重儿童的自然发展。她认为，儿童的成长过程是自然发生的，不应通过外部的强制干预来加速或改变这一过程。每个孩子都有自己独特的发展节奏，教育的任务是为他们提供适宜的条件，帮助他们顺利实现各个发展阶段的过渡，而不是强迫他们遵循成人制定的标准。

蒙台梭利提出了"敏感期"的概念，指出儿童在成长过程中会经历一系列特定的敏感阶段，这些阶段是儿童学习特定技能的最佳时期。例如，0~6岁是儿童语言发展的敏感期，教师在这一阶段应该提供丰富的语言环境，让儿童自然习得语言技能。[①]错过这些敏感期，儿童的学习效果可能会大打折扣。因此，蒙台梭利强调，教师必须善于观察儿童的表现，抓住他们的敏感期，提供适当的指导和学习机会。

尊重儿童的自然发展还意味着教师需要给儿童足够的自由和时间去探索他们感兴趣的事物。在蒙台梭利的教育理念中，自由不是放任，而是一种有引导的自由。儿童在教育环境中自由选择活动，决定自己的学习节奏，并通过自己的努力完成任务。这种自由的学习模式不仅让儿童能够掌握所学内容，还培养了他们的自律性和责任感。

蒙台梭利还特别关注儿童的心理和情感发展，认为情感的健康与智力的成长同样重要。她提倡建立关爱、尊重和支持的教育关系，帮助儿童在积极的环境中发展自我意识和社会技能。通过尊重儿童的自然发展，蒙台梭利的教育理念让孩子在成长过程中感受到被理解、被支持，从而形成健康的自我认同感和独立人格。

蒙台梭利教育理念的核心思想强调"以儿童为中心"，倡导尊重儿童的个性与自然发展。她通过精心设计的适应性教学环境，为儿童提供了自由探索的空间，帮助他们自主学习和发现世界。蒙台梭利认为，教育应顺应儿童的天性，让他们在适当的环境中自由发展，而不是强制或限制其成长过程。她的教育思想不仅在幼儿教育中产生了深远影响，也对现代教育理念的形成与发展起到了重要推动作用。

---

① 马杰.浅谈幼儿学习外语的可行性及教学方法[J].陕西学前师范学院学报,2013,29(3):4.

二、蒙台梭利教育法的实践

(一) 自主学习与自我管理的教育模式

蒙台梭利教育法的核心之一是鼓励儿童自主学习和自我管理。这种模式打破了传统教育中教师主导的灌输式教学方式，将学习的主导权交还给儿童。蒙台梭利相信，孩子天生具备自我学习的能力，教育者的任务是为他们提供适宜的环境和工具，帮助他们在探索中成长。

在蒙台梭利的自主学习模式中，儿童通过选择自己感兴趣的活动和教具，按照自己的节奏进行学习，而不是被动接受教师预设的课程安排。这种方式激发了儿童的主动性和独立性，使他们在学习过程中更加专注和积极。孩子们在教室里可以自由移动，选择他们想要参与的任务或活动，教师仅在必要时提供指导和帮助。

自我管理是蒙台梭利教育法的另一个关键要素。孩子们在学习过程中学会安排自己的时间、设定目标并管理任务。通过这一过程，他们逐渐培养起自律、责任感和独立性。教师在这种教学模式中充当观察者和引导者，帮助孩子通过反思和实践逐渐掌握自我管理的能力。

这种以学生为中心的学习方式，培养了儿童的学习兴趣和独立解决问题的能力。与传统教学模式相比，蒙台梭利的自主学习模式更加灵活，为不同学习节奏和能力的孩子提供了适应他们个体需求的学习空间。

(二) 精细化教具与环境设计的应用

蒙台梭利教育法特别强调环境的作用，提出了"准备好的环境"这一概念，旨在通过设计良好的学习环境来促进儿童的自主发展。蒙台梭利教室中的环境设计和教具布置都是精心策划的，目的在于为儿童提供自发学习的机会。

首先，蒙台梭利的教室是一个为儿童量身定制的空间。家具、教具和材料都根据儿童的身高和使用需求设计，以便他们能够方便地使用和操作。这些物品被系统地、井然有序地摆放，儿童可以自由选择他们需要的材料，并在使用后自己归还。这种环境设计不仅培养了儿童的秩序感，还增强了他们的责任心和自我管理能力。

蒙台梭利为不同年龄阶段的儿童设计了多种精细化的教具，这些教具经过科学设计，能够帮助孩子在动手操作中发展认知能力、感官能力和动手能力。例如，蒙台梭利的"感官教具"通过颜色、形状、大小、质地等差异，帮助孩子发展感知能力和分类思维。蒙台梭利还设计了专门用于数学学习的教具，如金字塔、数字棒等，这些工具通过视觉和触觉结合的方式，使抽象的数学概念更加具体和易于理解。

每个教具都具有特定的教育功能，且适合儿童反复操作。通过自主选择和反复操作这些教具，儿童能够在无压力的环境中学习复杂的知识和技能。蒙台梭利相信，儿童在操作教具的过程中不仅掌握了学科知识，还发展了专注力、解决问题的能力以及手眼协调能力。

（三）蒙台梭利教学法在课堂中的具体操作

在蒙台梭利的教学实践中，课堂的设计和组织与传统课堂有着明显的不同。蒙台梭利课堂强调自由、秩序和个体化，教师的作用是观察和支持，而不是直接主导或强制引导学生的学习过程。

1. 自由选择与自主学习

蒙台梭利的教室是一个"开放的教室"，没有固定的课程时间表。学生可以在教室里自由活动，自主选择他们感兴趣的任务和教具。每个孩子都要根据自己的学习兴趣和节奏，独立地进行学习。这种方式为孩子提供了极大的自由，但同时也培养了他们的责任感，要求他们在自由选择的同时，学会管理自己的学习时间和任务。

2. 教师的引导与观察

蒙台梭利教学法中的教师并非传统意义上的"权威"，而是"引导者"和"观察者"。教师不会直接干预孩子的学习，而是通过观察来了解每个孩子的兴趣、学习进度和发展需求。教师会在恰当的时机提供帮助、解释教具的使用方法或引导孩子进入新的学习阶段。这样的引导是温和且基于孩子需求的，而不是强制性的。

3. 个性化教学与自我修正

蒙台梭利教学法提倡个性化教学，教师根据每个学生的兴趣和能力，提供适合其发展的学习材料和活动。同时，蒙台梭利教育中的教具大多具备"自我修正"的功能。教具设计得当，孩子在操作过程中能够自行发现错误并进行修正，这种设计减轻了对教师的依赖，增强了孩子的独立性和自我反思能力。

4. 合作与社交学习

尽管蒙台梭利教育法注重个体的自主学习，但它同样强调合作学习和社交互动。儿童在教室中不仅是独自学习者，他们还通过小组合作完成任务，学习如何与他人沟通、分享和协作。这种社交学习方式有助于儿童在早期发展合作精神、团队意识和沟通能力。

5. 多年龄段混合学习

蒙台梭利教室通常是混龄教室，不同年龄的孩子一起学习。这种安排打破了传统教育中严格的年龄分组，允许年长的孩子帮助年幼的孩子学习，同时也鼓励年幼的孩子向年长者学习。混龄教学模式不仅促进了孩子之间的相互帮助，还创造了更加丰富的学习环境，孩子们能够从多样的互动中受益。

蒙台梭利教育法的实践强调通过自主学习和自我管理培养儿童的独立性和主动性，精细化教具和精心设计的学习环境为儿童提供了探索和学习的空间。教师在课堂中扮演支持者和观察者的角色，尊重儿童的个性化学习节奏。通过这种教学方法，儿童不仅在认知能力和学术能力上得到了发展，还培养了他们的责任感、社交能力和解决问题的能力。蒙台梭利的教育法在全球教育界得到了广泛的认可和应用，其对儿童早期教育的影响依然深远且持久。

三、蒙台梭利教育理念的影响与传播

（一）蒙台梭利教学法的全球传播

蒙台梭利教学法自创立以来，迅速在全球范围内传播，成为世界幼儿教育改革的重要力量。玛利亚·蒙台梭利的教育理念最早在意大利得到推广，随着她在欧洲和美国的演讲与出版活动，蒙台梭利教学法迅速吸引了全球教育工作者的关注。蒙台梭利教育强调尊重儿童的天性，倡导自由学习与个性化教育，这一独特的教学理念使其在当时的教育体系中脱颖而出。

蒙台梭利教学法首先在欧洲广泛传播，随后进入美国，并在那里得到了极大的发展。在 20 世纪初，蒙台梭利教育体系在美国得到著名教育家和学者的推广，许多蒙台梭利学校在美国各地陆续建立。蒙台梭利教学法不仅影响了早期儿童教育，还对整个美国教育体系产生了深远影响。在美国，蒙台梭利教育逐渐被融合进主流的教育框架，成为幼儿园和小学课程设计的重要参考。

随着时间推移，蒙台梭利教育逐渐传播到世界各地。今天，全球超过 140 个国家拥有蒙台梭利学校，教育理念被不同文化和地区所接受和应用。尤其是在亚洲和非洲国家，蒙台梭利教学法被广泛引入，推动了这些地区幼儿教育的现代化发展。通过教师培训、国际蒙台梭利协会（AMI）的支持以及跨文化教育交流，蒙台梭利教育理念不断被传播和发展，成为全球幼儿教育领域的重要参考体系之一。

（二）蒙台梭利教育理念对现代个性化教育的启示

蒙台梭利教育理念对现代个性化教育产生了重要启示。蒙台梭利强调，教育应以儿童为中心，尊重每个学生的独特性、兴趣和发展节奏，这与当今个性化教育的核心思想高度一致。随着社会对个性化、灵活性学习需求的增加，蒙台梭利的教育理念为现代教育改革提供了宝贵的理论和实践基础。

首先，蒙台梭利提出的"自主学习"理念对现代个性化学习模式具有重要指导意义。她主张通过为儿童创造一个自由探索的环境，让他们根据自己的兴趣和能力进行学习，这一理念直接影响了现代教育中"学习者主导"的教学模式。如今，个性化学习已经成为教育改革的一个主要方向，教师根据学生的学习需求定制课程，并为他们提供多样化的学习资源和路径，这正是蒙台梭利教育的延续和扩展。

其次，蒙台梭利的"敏感期"理论强调教育应顺应儿童的自然发展规律，这启示我们在个性化教育中要关注学生的阶段性发展特征。她指出，孩子在不同的发展阶段会表现出对特定技能和知识的敏感性，教育应当抓住这些关键期进行针对性的引导。现代教育中的分层教学、差异化学习策略正是基于这一理念，为不同学生设计适合其发展阶段的课程与活动，帮助他们充分发挥潜能。

此外，蒙台梭利提出的"自我修正"学习方法也为现代个性化教育提供了创新思路。通过设计具有自我修正功能的教具，蒙台梭利鼓励儿童在操作中发现问题、纠正错误，这种以自我反馈为核心的教学方式已经广泛应用于现代教育中。例如，在线学习平台、智能教育工具都具备实时反馈功能，帮助学生在学习过程中不断反思和调整，培养他们的自主学习能力和问题解决能力。

（三）蒙台梭利教育对全球幼儿教育改革的贡献

蒙台梭利教育对全球幼儿教育改革的贡献是极为深远的。她的教育理念不仅革新了传统的教学方式，还推动了幼儿教育领域的一系列重要变革，为全球幼儿教育的现代化奠定了基础。

首先，蒙台梭利教育打破了传统教育体系中的灌输式教学模式，倡导尊重儿童天性、鼓励自由学习的理念。这一思想彻底改变了传统教育中过于依赖教师主导的做法，使儿童在教育中从被动的知识接受者转变为主动的学习者。她的教育方法使得全球幼儿教育从单纯知识传授向培养儿童综合能力的方向转变，极大地丰富了教育目标的内涵。

其次，蒙台梭利教育为全球幼儿教育改革提供了实践模型。她创立的"准备好的环境"理念和精细化教具的设计，直接影响了现代幼儿园的课程设置和教学环境的构建。许多国家在幼儿园和小学的教学环境设计中，借鉴了蒙台梭利的教育方法，通过为儿童提供符合他们身心发展特点的学习空间，促进儿童的独立性和创造力的发展。

再者，蒙台梭利教育对教师角色的重新定义也为全球幼儿教育改革带来了新的思路。在传统教育中，教师是知识的权威，而在蒙台梭利的教学法中，教师更像是"引导者"和"观察者"，他们的任务是为儿童创造有利的学习环境，并在必要时提供支持。这一角色转变改变了全球教师培训和教育的方式，越来越多的教师开始学习如何通过观察和引导，而不是直接灌输知识，来帮助学生实现自我发展。

最后，蒙台梭利对特殊儿童的教育贡献也推动了全球教育的包容性改革。蒙台梭利早期曾与智障儿童合作，并在他们的教育中取得了显著成效。她相信每个孩子都有发展的潜力，这一理念影响了现代特殊教育的发展方向，推动了包容性教育在全球的实施。如今，许多国家的教育政策中都提倡将特殊儿童融入常规学校系统，为他们提供个性化的支持，这与蒙台梭利倡导的教育平等和包容理念一脉相承。

蒙台梭利教育理念在全球范围内传播，对现代个性化教育和全球幼儿教育改革产生了深远影响。她的"以儿童为中心"的教学法革新了传统教育模式，强调自主学习、自我管理和环境支持的理念对现代教育发展具有重要启示。蒙台梭利的教育方法不仅对全球幼儿教育制度和教学方法产生了深刻影响，还为特殊儿童的教育平等提供了理论和实践支持。通过持续传播和创新，蒙台梭利教育理念已成为现代教育的重要组成部分，并将继续影响未来的教育实践与改革。

第三章 学前教育课程设置概述

学前教育是儿童早期发展的重要阶段，是他们认知、情感和社交能力快速成长的关键时期。在这一阶段，儿童的大脑处于极为敏感的发展状态，外界的教育环境和刺激对他们的整体发展起着至关重要的作用。因此，学前教育课程的设置不仅仅是为了满足儿童当前的学习需求，更是为他们的未来学习能力、问题解决能力、创造力和社会适应能力奠定基础。一个科学合理的课程设计能够帮助儿童在早期获得全方位的成长体验，不仅能提升他们的认知能力，使其更好地理解周围世界，还能促进情感发展，让他们学会调节情绪和建立健康的人际关系。同时，学前教育中的社交互动对于孩子们建立自信心、培养合作精神、学会分享和尊重他人等社会能力至关重要。

第一节 学前教育课程内容的选择

一、学前教育课程内容的核心要素

(一) 认知发展：培养基本的思维、语言与问题解决能力

学前教育的首要任务之一就是促进儿童的认知发展，这不仅包括基本的思维训练，还涵盖语言能力的提升以及问题解决能力的培养。认知发展是儿童探索世界、理解环境并逐步形成逻辑思维的基础，直接关系到他们未来的学习和成长。因此，学前教育课程设计必须在儿童发展的关键期为他们提供丰富的认知刺激，帮助他们逐步掌握逻辑思维、语言表达和问题解决的基本技能。

根据最新的教育政策指引，如《国家中长期教育改革和发展规划纲要》，认知发展被明确列为学前教育课程设计的重要组成部分。这意味着课程内容不仅要帮助儿童掌握基本的知识，还要通过有趣且富有挑战性的活动，促进他们的思维能力发展。例如，在培养儿童的逻辑思维和数字认知时，教师可以通过设置简单的数字游戏、分类

与排序等任务，引导儿童在游戏中体会到逻辑推理的乐趣，从而自然地提升他们的思维能力。在语言发展方面，故事阅读和角色扮演活动则能够有效帮助儿童扩展词汇量、增强表达能力。教师通过讲述和讨论的方式，不仅仅让孩子们听故事，还通过情境化的提问和互动，让他们用语言描述自己的所见所闻、所思所感，从而提高其语言组织和表达能力。

此外，问题解决能力是认知发展中的核心要素之一。通过在课程中设置简单的挑战或问题情境，教师可以引导儿童主动思考如何解决这些问题。例如，儿童可能在搭建积木时遇到结构不稳定的情况，教师通过引导性提问帮助他们分析问题，并鼓励他们尝试不同的解决方案。这样，儿童不仅锻炼了逻辑思维，还学会了通过反复尝试和创新去解决问题。这种以儿童为中心的探索性学习方式，能够显著促进他们的独立思考能力和创造力。

通过丰富多样的教学活动和有针对性的课程设计，学前教育不仅能够为儿童的认知发展打下坚实的基础，还能培养他们在未来学习中必备的思维习惯、语言表达能力和问题解决技巧。这种全面的认知发展将帮助儿童更好地适应未来的学习生活，并为他们的长期发展奠定坚实的基础。

（二）社会性与情感发展：发展儿童的情感调节与社会交往能力

在学前教育中，社会性与情感发展的重要性日益受到重视。儿童早期不仅是认知发展的关键阶段，也是他们学习如何理解自己情感、与他人建立关系的核心时期。根据相关教育政策的强调，学前教育不仅是知识传授的过程，更是儿童情感发展和社会交往能力形成的基础阶段。课程设计应当全面关注儿童的社会性与情感发展，培养他们自我认知、情感调节以及与他人健康互动的能力。这种全面发展的目标，将为他们未来的个人成长和社会适应奠定坚实基础。

情感调节是这一阶段的重要目标之一。儿童在学前阶段需要学会如何识别、理解和表达自己的情绪，以便在日常生活和人际交往中做出适当的反应。教师通过营造支持性的学习环境，鼓励儿童表达自己的情感，帮助他们正确识别并理解情绪的来源与变化。例如，教师可以通过简单的情景模拟或情绪卡片，引导儿童分享他们在不同场景下的感受，从而帮助他们学会用语言表达情绪。通过适当的指导，儿童不仅能学会如何调整情绪反应，还能在面对压力或挫折时更好地控制和管理情感反应。这种能力的发展对于儿童未来的心理健康具有长远的积极影响，帮助他们在不同情境下应对情绪挑战，建立更加健康的心态。

与此同时，社会交往能力的培养也是学前教育的重要组成部分。儿童在这一阶段通过与同伴的互动，逐渐学会如何与他人分享、协作、沟通并解决冲突。课程设计应鼓励儿童通过集体活动和小组合作，逐步掌握这些关键的社交技能。例如，角色扮演游戏、小组讨论以及合作完成任务的活动，能够为儿童提供丰富的互动机会，使他们在模仿和实践中学会与他人沟通和协作。通过这些互动，儿童可以在遇到冲突时理解彼此的情感，学会妥善处理分歧，从而提高情商和社交适应能力。角色扮演游戏尤其有效，它不仅能让儿童模拟和学习各种社会场景中的行为模式，还能通过实践强化他们对他人感受的理解，培养同理心和尊重他人的能力。

这些课程活动不仅仅局限于提高儿童的社交技巧，它们在帮助儿童学会倾听和尊重他人意见的同时，也为他们在日后的社会生活中建立良好的人际关系奠定了基础。通过参与各种合作与互动，儿童逐渐从以自我为中心的世界观中转变过来，开始学会如何关心和理解他人，从而在未来的生活和学习中更好地适应集体环境。

通过这些科学的课程设计，学前教育不仅为儿童提供了情感表达和管理的工具，还帮助他们掌握了建立健康社会关系的基础技能。这些社会性与情感发展的能力将帮助儿童在未来的学校生活、社交场合中游刃有余，同时为他们的心理健康和情绪稳定提供重要保障。从长远来看，这种全面的情感和社会性培养，不仅促进了个体的全面发展，也为社会和谐奠定了基础。

（三）体能发展：促进大肌肉和精细动作技能的发展

在学前教育课程中，体能发展是儿童全面发展的重要组成部分，得到了广泛的关注和重视。儿童在这一阶段正处于身体的快速发育时期，体能的发展不仅能够增强他们的身体素质，还能为其他能力的提升打下坚实基础。最新的教育政策文件也特别强调，要通过丰富多样的活动促进儿童的体能发展，包括大肌肉群的协调性和精细动作技能的提升。通过科学合理的课程设计，儿童在运动过程中不仅能够获得身体上的锻炼，还能够通过身体活动提升认知能力和社交技能。

体能发展涵盖大肌肉和精细动作的协调与提升，课程内容需多样化，以确保儿童在不同类型的活动中得到全面的发展。户外活动、运动游戏和手工制作是促进体能发展的重要方式。例如，通过跑跳游戏、攀爬活动等运动，教师可以有效促进儿童大肌肉的发展。这类活动能够提升儿童的平衡性、协调性和灵活性，使他们在日常生活中具备更好的身体控制能力。此外，运动游戏还能帮助儿童学会遵守规则、与同伴合作和处理竞争，这些社交经验对于儿童的情感发展也至关重要。

精细动作的发展同样不可忽视，它涉及手部肌肉和手眼协调能力的训练。剪纸、画画、拼图等手工活动是促进精细动作发展的有效途径。这些活动要求儿童集中注意力，并通过精准的动作完成任务，能够显著提升他们的专注力和手部精细动作能力。通过不断地练习，儿童在写字、绘画、操作物品等日常活动中的表现将更加娴熟自如。同时，精细动作的发展还与认知能力的提升密切相关，因为在这些活动中，儿童需要进行思考、计划并执行操作，进而促进大脑的发育。

政策文件还强调，幼儿园应为儿童提供充足的户外活动时间和必要的设施，确保儿童能够在安全、宽松的环境中进行多样化的体能活动。充足的户外活动不仅能让儿童释放精力、增强体质，还能为他们提供与大自然互动的机会，帮助他们培养积极的健康意识。户外环境中的探索性活动，如奔跑、攀爬和跳跃等，不仅能够锻炼儿童的大肌肉，还能培养他们的自信心和探索精神。此外，运动对大脑的刺激能够提升儿童的认知能力，尤其是空间感知、问题解决能力等，这进一步证明了体能发展与认知发展之间的紧密联系。

因此，体能发展不仅仅是学前教育中的身体训练部分，它与儿童的认知、情感和社交发展密不可分。通过合理的课程设计，体能活动能够帮助儿童更好地协调身体动作、提升精细技能，并为他们的身心健康奠定基础。学前教育课程中的体能发展为儿童未来的学习和生活做好了全面准备，不仅有助于他们的身体健康，还能促进其他发展领域的同步进步。

（四）艺术与创造力：通过艺术表达与创作激发儿童的想象力与创造力

艺术与创造力的培养是学前教育的重要课程目标，学前教育应充分重视艺术教育，通过艺术活动激发儿童的想象力和创造力。美术、音乐、舞蹈等艺术形式为儿童提供了表达情感和思想的机会，让他们能够通过艺术创作自由表达个性、探索自我和世界。

在课程实施中，教师通过引导儿童进行绘画、手工制作、音乐创作等，激发他们的艺术兴趣和创作热情。例如，通过为儿童提供丰富的绘画材料和开放式创作题目，让他们自由发挥想象力，创造出独特的作品。音乐活动则可以通过歌唱、乐器演奏等方式，培养儿童的艺术感知能力和音乐表达能力。这些艺术活动不仅能够培养儿童的审美意识，还能提升他们的创造性思维能力。

艺术教育还强调儿童在创作中的自由性与自主性，通过鼓励儿童大胆尝试不同的表达方式，教师能够帮助他们增强自信心，发展独立思考和创新能力。政策要求教育机构为儿童提供更多的艺术教育资源，确保他们能够在丰富的艺术环境中实现多维度的发展。

综上所述，学前教育课程内容的核心要素包括认知发展、社会性与情感发展、体能发展以及艺术与创造力的培养。这些课程要素在最新政策的指导下，通过系统的课程设计和多样化的教学方式，全面促进儿童在各个领域的发展，帮助他们为未来的学习和生活奠定坚实的基础。

二、课程内容选择的标准

（一）儿童发展需求

在学前教育课程设计中，充分理解并满足儿童的发展需求是内容选择的首要标准。儿童的早期发展具有阶段性和差异性，课程内容必须紧密结合儿童不同阶段的身心发展特点，确保其在各个关键领域都能够获得适时的支持与培养。课程内容必须与0~6岁儿童在认知、社交、情感和体能等方面的发展需求相匹配，以科学的方式促进他们的全面发展①。

在儿童的早期阶段（0~3岁），他们的身心尚处于快速成长和发展的初始阶段，因此课程内容应更多地关注儿童的情感安全、身体照护和感官刺激。此时，儿童的认知和感知觉发展尤为关键，教师和照护者可以通过提供多种感官体验的活动，如触摸、听觉和视觉的结合，帮助他们探索周围的世界，建立初步的认知和感知觉联系。比如，通过玩具、音乐、色彩丰富的物品等多感官的启蒙活动，可以有效地激发儿童的好奇心和探索欲望，促进他们感知觉的进一步发展。此外，情感上的安全感也极其重要，教师应通过充满关爱的互动方式，为儿童提供一个安全、温暖的环境，使他们能够在心理上感到安定和舒适，进而更好地参与到课程活动中来。

随着儿童进入3~6岁的阶段，他们的认知、语言和社交能力发展迅速，这一时期被认为是学前教育的关键期。在这一阶段，课程内容需要更加丰富和多样化，涵盖认知能力、语言表达、社交技能以及身体协调发展的多个维度。最新的学前教育政策强调，课程设计应依据儿童的年龄特点和个体差异，灵活调整教学内容和方法。游戏化教学、故事阅读、角色扮演等富有趣味性的活动，可以帮助儿童在轻松愉快的氛围中提升思维能力和语言表达能力。同时，这类活动也为儿童提供了丰富的社交机会，帮

---

① 张娜. 谈儿童游戏对儿童社会性发展的作用 [J]. 济南职业学院学报, 2006（6）：24-26.

助他们在与同伴互动中学习如何分享、合作、沟通和解决冲突，提升社交技巧与情商。

在这一阶段，课程内容需要随着儿童认知能力的提升逐渐复杂化，以满足他们日益增长的兴趣和发展需求。例如，教师可以通过更具挑战性的游戏和任务，鼓励儿童在解决问题时进行更深入的思考；通过分角色扮演和情景模拟，帮助他们理解社会规则和角色。与此同时，语言的发展也是课程设计中的一个核心领域，教师应通过阅读和讲述故事，激发儿童的语言兴趣，扩展其词汇量，增强语言表达的精确性和流利性，为他们进入小学阶段做好准备。

总体而言，学前教育课程内容的选择必须严格遵循儿童身心发展的自然规律，既不能超前，也不能滞后，以确保每个阶段的儿童都能够从中受益，达到他们的发展潜能最大化。通过灵活调整教学内容，使其与儿童的年龄、兴趣和个体发展需求相匹配，教育工作者不仅可以为儿童提供适合其发展的学习体验，还能够为他们未来的学习和生活奠定坚实的基础。这种以儿童为中心的课程设计理念，确保了每一个孩子都能在符合自身发展特点的环境中健康成长。

（二）文化背景与价值观

课程内容的选择还应体现文化背景和社会价值观，反映本土文化的独特性和儿童所处社会的核心价值。学前教育课程不仅应传授基础知识，还要帮助儿童形成对文化和社会的认同感，培养他们的社会责任感和文化自信。因此，课程设计应注重引入本土文化元素，如传统节日、民间故事、地方艺术等，让儿童在日常的学习和生活中感受到自己文化的丰富性和独特性。

例如，教师可以通过节日庆祝活动、传统手工艺制作、讲述文化故事等内容让儿童认识和体验本土文化传统，理解这些文化背后的价值观念。同时，课程内容还应传递社会共同的价值观，如尊重他人、合作共赢、环境保护等，帮助儿童从小树立正确的社会责任感和行为规范。通过将这些文化和价值观融入课程，儿童不仅能够发展认知能力，还能在情感和社会性方面得到良好的启蒙与引导，形成积极的社会行为习惯。

同时，课程内容的文化适应性也应注重对多样文化的尊重和包容，特别是在多元文化背景的社会中，课程应促进儿童对不同文化的理解和尊重，帮助他们建立开放的世界观。这与政策中关于培养具备全球视野的未来公民的教育理念是一致的。因此，课程内容在传承本土文化的同时，也需要与全球教育的趋势接轨，为儿童的多元化学习提供空间。

（三）教育目标

学前教育的课程内容选择应始终围绕学前教育的核心教育目标进行设计，促进儿童的全面发展，包括认知、情感、社交、体能及艺术等多方面的发展。课程内容不仅要服务于短期的学习任务，还应着眼于儿童的长远成长，为他们未来进入小学及后续的学习生活奠定坚实基础。

首先，认知发展是课程内容的一个关键目标，课程应通过科学合理的设计，帮助儿童建立基础的认知能力，如语言、数学、科学思维等，同时也要培养他们的学习兴趣和求知欲。教师可以通过循序渐进的课程安排，将知识以游戏化、故事化等方式传递给儿童，确保他们在轻松愉快的氛围中学习。

其次，社会性和情感发展也是学前教育的重要目标之一。通过设计相关的课程内容，培养儿童的同理心、自信心和社交能力，帮助他们学会与他人合作、解决问题、调节情绪。这些软技能的培养对于儿童的长远发展至关重要，有助于他们在未来的社会生活中更好地适应和发展。

政策强调，体能和艺术发展也是学前教育中不可忽视的部分。课程内容不仅要包括大肌肉和精细动作的训练，还应通过艺术和创作活动，培养儿童的审美能力和创造力。因此，学前教育的课程内容应注重全面平衡，通过一系列综合性和多样化的学习活动，确保儿童在各个领域得到均衡发展。

综上所述，学前教育课程内容的选择标准应综合考虑儿童的不同发展需求、文化背景与社会价值观，并与教育的长远目标保持一致。通过科学设计课程内容，既能促进儿童在认知、情感、社会性、体能和艺术方面的全面发展，又能帮助他们建立对自身文化的认同感，培养成为具有全球视野的未来公民。

三、课程内容的多样性与均衡性

（一）游戏与学习的结合

在学前教育中，游戏与学习的结合是课程设计的重要理念之一。学前教育应强调通过游戏促进学习，让儿童在愉快地活动中掌握知识与技能。游戏是儿童的主要活动形式，具备高度的趣味性与互动性，能够激发他们的学习兴趣，并为他们提供实践性学习的机会。通过游戏，儿童可以在探索中自主发现问题，激发好奇心并发展创造力。

政策指出，游戏化学习能够更好地适应儿童的认知水平和心理特点。在实际的课程设计中，教师可以将数学、语言、科学等知识通过游戏活动呈现。例如，儿童可以通过拼图游戏学习数字概念，通过角色扮演游戏发展语言表达能力和社交技能，或通过科学探索游戏了解自然现象。这样的设计不仅让学习变得更加生动有趣，还通过游戏中的问题解决和合作，培养儿童的批判性思维和团队合作精神。

此外，游戏与学习的结合能够增强儿童的实践能力。在游戏中，儿童能够进行动手操作，发展手眼协调和精细动作技能。例如，通过搭建积木、绘画和手工制作等活动，儿童可以在动手中探索世界，获得实践经验。这种注重趣味性和实践性的学习方式符合儿童的天性，能够有效提升他们的学习效果。

（二）知识与技能并重

学前教育不仅关注知识的传授，也强调实际生活技能的培养。根据政策指导，学前教育的课程应兼顾儿童的认知发展和生活技能，为他们未来的学习生活奠定坚实基础。儿童在学前阶段需要掌握基础的知识，如语言表达、数字认知、基本的科学概念等，同时，他们还需要学习自我照护、社交沟通等基本生活技能。

在课程内容的设置上，知识与技能应当并重。例如，在传授语言和数学知识的同时，教师可以通过日常生活场景引导儿童进行自我照护技能的学习，如如何穿衣服、整理玩具、洗手等。这不仅能让儿童在实践中学会独立生活，还能增强他们的自信心与责任感。

同时，学前教育应注重儿童综合能力的培养。在教导知识的过程中，教师应通过活动设计帮助儿童发展思维能力和动手能力。例如，科学探究活动不仅可以教授自然知识，还能够培养儿童的观察能力、实验操作能力和解决问题的技能。通过这些实践性活动，儿童不仅能够巩固所学的知识，还能将这些知识与现实生活中的问题联系起来，发展适应未来生活的基本技能。

（三）平衡学术与非学术内容

课程内容的多样性与均衡性要求在学术内容与非学术内容之间找到平衡。学前教育政策强调，课程不仅要涵盖认知领域的基础知识（如语言、数学、科学等），还要重视儿童在情感、体能、艺术等多维度的发展。全面的学前教育应当帮助儿童在认知、情感、社会性和身体健康等方面均衡发展，确保他们能够获得全面的成长。

在认知内容方面，学前课程应注重基础学术知识的传授，但不应过度强调学术成果。儿童的学习活动应当以探索和实践为主，而不是死记硬背知识。例如，教师可以通过简单的数数游戏、故事阅读或自然观察，引导儿童感知数字、文字和自然现象，但避免使用过多的书面测试和正式学术评估。这符合政策倡导的以游戏和实践为基础的教育理念，有助于儿童在轻松、自由的环境中进行认知学习。

非学术内容同样需要在课程设计中占据重要位置。儿童的情感发展、社交能力、体能发展和艺术创造力是学前教育的重要组成部分。例如，体能课程通过跑跳、攀爬等运动活动，促进儿童的身体协调和大肌肉发展；情感与社会性课程则通过小组合作和情境游戏，帮助儿童学会与他人沟通、解决冲突、表达情感。艺术活动则能够激发儿童的想象力与创造力，通过绘画、音乐、舞蹈等形式帮助他们表达自己的情感和想法。这些课程内容为儿童提供了丰富的体验，帮助他们在未来的学习和生活中更好地适应各种挑战。

综上所述，学前教育课程的多样性与均衡性体现在游戏与学习的结合、知识与技能的并重以及学术与非学术内容的平衡。课程内容设计应既注重趣味性和实践性，又确保儿童在认知、情感、体能和艺术等方面得到全面发展。通过丰富的课程内容和多样化的学习活动，教师能够帮助儿童在各个领域取得长足进步，为他们未来的成长和发展奠定坚实的基础。

第二节　学前教育课程的类型

一、学科导向课程

（一）学科导向课程的内涵

学科导向课程是指以具体的学科知识为核心，系统地组织课程内容，帮助儿童在学前阶段建立基础的学科概念。这类课程通常涵盖语言、数学、科学、艺术等学科，通过有序的学习活动，逐步引导儿童掌握学科基础知识和相关技能。学科导向课程在帮助儿童建立基础认知框架方面起着关键作用，为儿童进入小学后的学科学习打下良好的基础。例如，语言课程通过词汇学习、故事讲述、口语练习等活动，逐步提高儿童的语言表达能力和识字认知；数学启蒙课程则通过数数、形状识别、简单的加减法等内容，帮助儿童理解数字与数量的概念。

（二）学科导向课程的优缺点

学科导向课程在学前教育中的应用具有显著的优势，它能够为儿童提供系统性学习具体知识领域的机会，帮助他们在早期阶段形成较为清晰的学科概念。通过将不同的学科知识嵌入到课程结构中，学科导向课程为儿童未来的学术学习奠定了坚实的基础。例如，语言课程通常采用分层设计，通过一系列渐进式的活动，如听故事、唱儿歌、看图说话以及认字写字等，循序渐进地提高儿童的听、说、读、写能力。这种系统化的语言训练不仅帮助儿童掌握基本的语言技能，还能增强他们的词汇量、语言表达能力和阅读兴趣，为他们顺利进入小学的语言学习做好准备。数学课程也是学科导向课程的一个典型例子。通过有趣的数字游戏、排序、简单的加减运算、几何图形的识别等，儿童的逻辑思维能力和问题解决能力逐步得到培养，同时帮助他们理解数字、几何、空间等基础数学概念。这种系统性的学习能够有效提升儿童的认知能力，使他们能够更好地掌握和运用所学的学科知识。

　　然而，学科导向课程也存在一定的局限性。如果课程设计过于专注于单一学科知识的传授，可能导致对儿童整体发展的忽视。学前教育不仅仅是学术知识的灌输，更为重要的是关注儿童的全面发展。特别是在情感、社会性、体能和艺术等非学术领域，儿童的发展同样至关重要。学前教育政策一再强调，儿童的发展是多维度的，他们的情感调节能力、社交能力、身体健康以及创造力等都应当得到充分的关注。学科导向课程如果过于强调学术成就，忽视了这些非学术领域的平衡发展，就可能会产生负面影响。例如，过度注重知识的传授，采用填鸭式的教学方式，可能会压制儿童的自主学习兴趣和探究精神，削弱他们对学习的热情和好奇心。此外，过于学术化的课程设计还可能影响儿童的创造力和独立思考能力，因为儿童的学习不应仅仅局限于正确的答案，他们更需要通过自由探索和创造性的活动来表达自己、理解世界。

　　在学前阶段，儿童的学习应该是综合性、全方位的，而非单一学科的机械训练。情感与社会性的发展、身体的协调性、艺术感知力等，都是儿童成长中不可或缺的部分。如果学科导向课程在设计上忽视了这些领域，儿童的全面发展将受到影响。因此，在学科导向课程的实施过程中，必须避免将学术内容作为唯一的核心目标，而应注重平衡儿童的多方面发展。教师应确保在传授知识的同时，也为儿童提供多样化的活动，促进他们在其他领域的成长。例如，课程可以结合音乐、艺术和运动，鼓励儿童表达情感、增强体能，同时提升创造力和想象力。

　　总的来说，学科导向课程虽然在支持儿童学术知识传授方面具有明显的优势，能够为儿童提供系统性、结构化的学习路径，但其潜在的局限性不容忽视。在实际应用中，课程设计者和教育者需要避免过于强调单一学科知识，而应保持整体性视角，关注儿童在情感、社交、体能和创造力等多维度的发展需求。只有这样，才能确保学科导向课程在支持学术发展的同时，也能够促进儿童的全面成长，帮助他们在未来的学习和生活中更好地适应与发展。

二、主题活动课程

（一）主题活动课程的定义

主题活动课程是围绕特定主题设计的课程，旨在通过多样化的活动帮助儿童从多个角度深入探索某个主题。与传统的学科导向课程不同，主题活动课程的设计更加跨学科和综合，通常涵盖语言、数学、科学、艺术、体能等多个领域，帮助儿童在探索主题过程中获得全面的认知体验。这类课程的一个重要特点是强调学习内容的联系性，通过一个核心主题将多个学习活动串联起来。例如，以"季节变化"为主题，教师可以组织一系列活动，从自然现象、动植物变化、气候影响到生活习惯的变化，引导儿童全面认识和理解季节的概念。主题活动课程非常契合儿童的兴趣与发展需求，能够有效激发他们的探索欲望，并通过多样化的学习方式提升学习效果。

（二）主题活动课程的特点

主题活动课程最大的特点在于其显著的灵活性和适应性，能够根据儿童的年龄、兴趣、个体差异和认知发展水平进行自由选择和设计。不同于固定课程结构，主题活动课程允许教师在教学过程中具有更多的自主性，使得他们可以根据儿童在学习中的实际需求和兴趣点设计具有针对性的教学内容。这样的课程设计充分尊重了儿童的个体差异，关注每个孩子的兴趣和需求，确保课程内容能够引发他们的兴趣和共鸣。这种灵活性不仅提升了儿童的学习动机，还增强了他们的探索欲望，进一步激发了他们对知识的求知欲。

例如，在学期初，教师可以通过观察、交流和互动，深入了解儿童的兴趣领域。如果发现孩子们对"社区"或"自然"等主题表现出浓厚兴趣，教师可以围绕这些话题设计一系列跨学科的学习活动。以"社区"为例，教师可以通过角色扮演、绘画、实地探访等方式，让儿童从多维度了解社区中不同职业的功能、社区服务的重要性以及人与社区的关系。这样的主题活动不仅涵盖了社会、科学、语言等多领域的知识，还强调儿童的实际生活体验，使他们能够通过亲身体验和感悟将知识融入生活中。这种课程形式使学习不仅仅停留在课堂上，而是延伸至儿童的日常生活，帮助他们在真实的情境中学习和思考。

主题活动课程还有一个显著的特点，就是它能够根据儿童的认知发展水平进行灵活地调整。对于年龄较小的儿童，教师可以设计更为简单和具体的主题活动。例如，以"颜色与形状"为主题，教师可以通过色彩游戏、拼图和手工活动等方式帮助儿童认识基本的颜色和形状，发展他们的感知觉能力和基础认知技能。而对于年龄稍大、认知水平更高的儿童，主题活动的内容可以更加复杂和抽象。例如，围绕"天气变化对生活的影响"这一主题，教师可以引导儿童思考天气与人类生活的关系，讨论如何应对气候变化等问题，帮助儿童理解更为复杂的自然现象和其对人类生活的影响。通过这种灵活调整的课程设计，主题活动课程既能针对儿童的不同认知水平进行有效教学，又能确保课程的内容既有趣味性又具备教育性，增强了儿童的参与感和学习效果。

主题活动课程的另一个重要特点在于其跨学科的设计与实施方式。通过整合多学科的知识，儿童能够在探索某一特定主题时，从多个学科的视角进行深入思考。例如，在"自然探索"的主题活动中，儿童不仅可以学习到关于植物生长和动物习性的科学知识，还可以通过绘画和手工制作表达他们对自然的观察与思考。这样的跨学科课程设计不仅丰富了儿童的知识结构，还提升了他们的综合能力，促进了他们在认知、情感、社交和创造力等多个领域的全面发展。

综上所述，主题活动课程通过基于特定主题的多样化活动，具有极强的灵活性和适应性。它不仅能够激发儿童的学习兴趣，还能够适应不同年龄和认知发展水平的儿童需求，让每个孩子都能从中获得适合其发展的学习体验。此外，主题活动课程的跨学科特点有助于儿童在学习过程中从多个角度理解和探索问题，提升他们的分析能力和解决问题的能力。无论是围绕季节变化、社区认识等贴近儿童生活的主题，还是其他与儿童生活密切相关的内容，主题活动课程都能为儿童提供丰富的学习机会，帮助他们在实际情境中发现问题、解决问题，并在实践中获得全面的认知、情感和社交能力的发展。这种多维度的课程设计使得主题活动课程不仅成为促进儿童多元智能发展的有效工具，还为教师提供了灵活、创新的教学方式，使学前教育更加生动、富有成效。

三、游戏化课程

（一）游戏化课程的定义

游戏化课程是以游戏为主要形式组织的学前教育课程，旨在通过游戏活动促进儿童的自主学习与探索。这种课程理念强调让儿童在轻松、愉快的游戏环境中自然发展各方面的能力，如认知、社交、情感和体能等。游戏被认为是幼儿学习的自然方式，游戏化课程充分尊重这一特点，通过设计丰富多样的游戏活动，让儿童在玩耍中获取知识和技能。在游戏中，儿童可以自主探索、自由表达，并通过实践和互动解决问题，这种自主性使得他们在学习过程中保持高度的兴趣和主动性。游戏化课程不仅关注学习结果，更重视学习过程中的思维发展和问题解决能力的培养。

（二）游戏化课程的特点

游戏化课程最大的特点在于它以儿童为中心，充分体现了学前教育的核心理念——尊重儿童的天性、兴趣和个体差异。这种课程模式强调儿童的主导地位，儿童在游戏化课程中不仅是学习的对象，更是探索和创造的主体。教师在这种课程中主要扮演引导者和观察者的角色，他们根据儿童的兴趣和发展需求精心设计并组织各种游戏活动，但不会过多干预儿童在游戏中的自主探索过程。通过这种方式，游戏化课程给予儿童更大的自主权，让他们能够根据自己的兴趣选择游戏和活动，充分尊重他们的自主选择与自由表达。这种自由的学习环境有效地激发了儿童的创造力、想象力以及自我驱动的学习动机，培养了他们的独立思考能力。

游戏化课程还体现了学前教育的基本特点，即通过游戏进行学习。与传统的知识灌输或讲授方式不同，游戏化课程将学习过程自然融入游戏活动中，儿童在愉快的游戏体验中潜移默化地获得知识和技能。例如，在搭建积木的游戏中，儿童不仅锻炼了手眼协调能力，还学习了关于平衡、形状和结构的基础概念。在角色扮演游戏中，儿童通过模仿不同的社会角色，如医生、警察、教师等，理解了社交互动的规则、责任分配以及合作的重要性。这种无压力、愉悦的学习氛围，不仅让儿童更加容易接受新知识，还极大地增强了他们的学习动机和自信心。在游戏中，儿童有机会自由发挥，尝试各种创造性解决问题的方式，同时也学会了面对挑战和挫折。

此外，游戏化课程的另一个显著特点是它能够结合多个学习领域，通过多样化的游戏活动促进儿童的全面发展。例如，拼图游戏不仅帮助儿童发展精细动作技能，还可以提升他们的空间感知和逻辑推理能力；户外的探险游戏则能够增强儿童的体能发展、培养团队协作精神，并激发他们对自然的兴趣。通过这些多领域、多层次的游戏活动，游戏化课程不仅满足了儿童对游戏的天然需求，还通过寓教于乐的方式，促进了认知、情感、社交和体能的均衡发展。

游戏化课程所体现的"以儿童为中心"的原则还通过鼓励儿童的自主学习和主动探索而得以强化。在这种课程模式中，儿童不仅是知识的接受者，更是学习活动的主导者，他们通过游戏中的体验与反思，自我建构知识体系。这种探索性的学习方式能够培养儿童的好奇心和问题解决能力，促进他们在解决实际问题时灵活运用所学的知识，激发他们的创新精神和创造力。儿童在游戏中通过不断尝试和改进，逐步学会如何应对挑战、处理冲突，并与同伴合作，这为他们的未来学习和社交能力发展打下了坚实的基础。

在实施游戏化课程时，教师的任务尤为重要。虽然游戏化课程强调儿童的自主性，但教师需要为儿童提供适当的引导与支持，确保游戏活动不仅具有趣味性，还具备一定的教育价值。教师应根据儿童的兴趣和能力水平设计合理的游戏内容，帮助儿童在游戏中获得更深入的学习体验。教师还需要在儿童游戏过程中进行观察，及时给予支持或干预，以确保游戏能够在趣味性与教育性之间取得平衡。例如，当儿童在搭建积木遇到困难时，教师可以提供适当的提示，帮助他们思考并尝试不同的解决方案。同时，教师也要确保游戏活动的多样化，涵盖不同领域的发展目标，让儿童在游戏中实现全面的发展。

综上所述，游戏化课程是一种非常符合学前教育理念的课程组织形式，它通过丰富多样的游戏活动，如角色扮演、建构游戏等，鼓励儿童自主学习和探索。在这种课程中，儿童的兴趣和需求被充分尊重，学习的主动性得到了极大的发挥。游戏化课程不仅能够激发儿童的创造力和好奇心，还有效地培养了他们的社交能力、合作精神和问题解决能力。通过为儿童提供充满乐趣的学习体验，游戏化课程帮助他们在愉快的氛围中发展各项技能，实现认知、情感、社交和身体的全面发展。在实施这种课程时，教师通过精心设计和适时的帮助，确保游戏活动具有教育性和趣味性并存，帮助儿童在愉快的游戏过程中达到学习的最大效果。

四、综合课程

（一）综合课程的定义

综合课程是一种将多学科、多领域内容有机融合的课程形式，旨在通过跨学科的教学内容帮助儿童实现全面发展。与学科导向课程不同，综合课程并不单纯地围绕某一学科展开，而是结合多个领域的知识和技能，使儿童能够在解决实际问题或探究主题的过程中发展多种能力。这种课程形式强调知识的整合和实践运用，打破了学科的界限，让儿童在自然、社会、科学、艺术等多维度中建立联结和理解。综合课程通过灵活的跨学科设计，帮助儿童在认知、情感、社交、体能等各个方面协调发展，为他们未来的学科学习和社会生活奠定坚实基础。

（二）综合课程的特点

综合课程的一个突出特点是其内容的多样性和丰富性，它通过将不同学科的知识与实践能力、社交技能、情感教育等多方面的教育目标有机结合，形成多维度的课程体系。与单一学科课程不同，综合课程通过跨学科的方式，为儿童提供了更加广阔和立体的学习体验，突破了传统课程局限于某个领域的教学模式。比如，一个以"植物生长"为主题的综合课程不仅关注科学知识的传授，还将语言表达、艺术创作、数学思维、体能活动等多个领域的学习内容有机结合起来。在这个课程中，儿童通过观察植物生长的全过程，能够学习到植物的结构、生命周期等基础科学知识。同时，教师还可以设计绘制植物生长图表的活动，引导儿童用艺术的方式表达植物生长的变化，并通过描述植物生长的过程，发展他们的词汇和语言表达能力。此外，还可以组织与植物相关的运动游戏，让儿童通过体能活动了解植物在自然界生长所需的条件，如阳光、水分等。这种综合性的课程设计，不仅打破了单一学科的界限，还使儿童能够在多个层面上获得丰富的学习体验和能力发展。

与此同时，综合课程强调在不同发展目标之间的平衡。在许多传统课程中，教学内容往往侧重于认知发展或特定技能的训练，忽视了儿童在其他领域的成长需求。然而，综合课程通过多维度的设计，确保了儿童在认知、体能、社交、情感、艺术等方面的全面发展。例如，虽然知识传授是课程的一部分，但综合课程更进一步，鼓励儿童在小组合作中学习与他人分享和协作，培养团队精神和社交能力。此外，艺术活动不仅仅是技能的展示，还被视为表达情感、发展创造力的途径，而体能活动则帮助儿童在游戏和运动中提高身体协调性与健康水平。这种强调全面发展的课程理念与最新的教育政策高度契合，学前教育应以儿童为中心，促进他们的全方位发展，而不仅仅局限于某一领域的知识学习。通过这种综合性的课程设计，儿童不仅能够掌握学术领域的知识，还能在情感调节、身体发展、社会交往等方面得到全面提升。

综合课程的优势还在于它能够促进儿童在多学科、多领域的知识整合与应用。儿童在参与综合课程时，不仅能被动地接受知识，还能通过探究性学习的方式主动参与知识的建构与应用。例如，在学习"植物生长"的主题时，儿童不仅学习了科学中的生命过程，还在实际操作和探究中巩固了数学中的测量与图表知识，并通过绘画和描述等活动强化了语言和艺术表达能力。这种知识的跨学科整合与应用，帮助儿童从不同角度理解和探索问题，培养了他们的批判性思维和问题解决能力。此外，综合课程往往采用探究性学习的方式，通过鼓励儿童亲自动手实践和探索，培养他们的自主学习能力和综合素养。探究性学习课程作为综合课程的一种典型形式，能够有效地通过实践活动和跨学科的知识应用，促进儿童在认知、情感、社交等方面的均衡发展。

从课程设计的角度来看，综合课程通过多维度的学习活动和灵活的教学策略，为儿童提供了全面发展的机会。这种教育方式不仅重视知识的整合与应用，还在课程中平衡了认知、情感、社交、体能、艺术等多个发展领域的需求。与单一学科课程不同，综合课程将知识的学习与实践紧密结合起来，确保儿童在不同领域都能够有所发展，从而促进他们的全面成长与进步。比如，在课程中融入艺术、音乐、体育、科学等活动，使儿童在学习过程中能够更好地表达自己，理解他人，并通过与同伴的合作活动学会尊重与关怀，培养了他们的社会责任感和合作意识。

总而言之，综合课程是一种将多学科、多领域内容有机融合的教育方式，旨在通过多维度的学习活动促进儿童的全面发展。这种课程模式不仅重视知识的整合与实际应用，还注重平衡儿童在认知、情感、社交、体能和艺术等多个方面的均衡发展。作为学前教育中的重要课程形式，综合课程不仅符合最新的教育政策关于促进儿童全面发展的要求，还通过探究性学习和跨学科知识的应用，帮助儿童在认知和能力上为未来的学习和生活打下坚实的基础。这种课程设计使得儿童能够在愉快的学习环境中探索世界、发展自我，从而在多领域的协调发展中实现个体潜能的最大化。

五、户外与实践课程

（一）户外与实践课程的定义

户外与实践课程是指基于户外活动和实践操作的教育形式，旨在通过与自然和环境的互动，帮助儿童在真实的情境中学习和成长。这类课程特别重视儿童与自然环境的直接接触，通过户外游戏、探险、自然观察等活动，激发他们对周围世界的兴趣和探索欲望。户外与实践课程不仅是学前教育的重要组成部分，更是儿童全面发展的关键路径。政策指出，儿童的早期教育应当重视户外活动，帮助他们在实际体验中发展认知、社交、情感和体能。这种课程不仅提供了学科知识的应用场景，还让儿童在动态和自然的环境中学习，与传统室内教学相互补充。

（二）户外与实践课程的优点

户外与实践课程的最大优势在于它能够有效促进儿童的体能发展，通过丰富多样的户外活动，儿童在快乐的运动中获得了全身心的发展。例如跑跳、攀爬、投掷等动作不仅能够锻炼儿童的大肌肉群，提升他们的身体协调性、力量和平衡感，还能帮助他们发展身体控制能力和空间感知能力。这类活动为儿童的健康成长打下坚实的基础，同时为他们日后更复杂的身体活动奠定了良好的前提。尤其在幼儿阶段，儿童正处于身体发育的关键时期，体能的增强有助于他们保持健康的体质和更强的免疫系统。最新的学前教育政策也特别强调了户外活动对儿童身体健康的重要性，明确要求幼儿园为儿童提供足够的户外活动时间和空间，确保他们每天都能在户外进行充足的运动锻炼。通过这些活动，儿童不仅能够释放精力，还能够发展韧性和毅力，学会在活动中克服身体挑战，提升自信心和自我认知。

此外，户外与实践课程还在促进儿童的探索能力和激发好奇心方面表现出显著的优势。大自然丰富多样的现象为儿童提供了无尽的学习资源，自然界中的每一个细微变化都能引发他们的兴趣。例如，通过观察昆虫的活动、植物的生长或天气的变化，儿童可以提出问题，并通过自主探索或与教师、同伴的讨论，逐步形成自己的答案。这样的过程不仅培养了儿童的求知欲和好奇心，还帮助他们逐渐形成科学探究的思维方式。举例来说，教师可以组织自然观察活动，带领儿童在校园、花园或公园中探索周围的植物和动物。通过观察动植物的生长、形态变化及其与环境的关系，儿童的观察能力得到提升，并逐步学会如何记录、分析和归纳这些现象。这种户外学习方式有助于儿童在真实的情境中运用所学知识，并通过探索活动培养批判性思维和问题解决能力，使他们在面对生活中的各种挑战时能够更加灵活应对。

户外与实践课程不仅帮助儿童与自然建立紧密的联系，还在潜移默化中增强了他们对环境的热爱与责任感。通过与大自然的直接互动，儿童从小便能感受到保护环境的重要性，逐步培养起对自然的尊重与珍惜。这种环保意识的培养对于他们未来的社会责任感和可持续发展意识具有深远的影响。例如，儿童在实践课程中学习到如何保持校园整洁、节约水资源或保护动植物，逐步意识到自己的行为对环境的影响，从而在日常生活中更加自觉地为环保作出努力。通过这些早期的教育引导，儿童不仅成为自然的观察者与学习者，还成了环境的守护者。这种责任感的培养对于他们未来的社会参与、社区意识以及公民责任感都有积极的推动作用，有助于他们成长为具备环保意识和社会责任感的全面发展型人才。

通过户外与实践课程，儿童能够在真实的环境中获得丰富的学习体验，这种学习体验不仅局限于知识的积累，更在于他们情感、社交和认知能力的多维度发展。这类课程通过自然观察、户外探险、团队协作等活动，让儿童在动态的环境中学会如何应对挑战，如何与他人合作，如何在复杂的情境中做出决策。通过这些活动，儿童的探索能力、社交技巧和情感表达都得到了有效的提升。例如，在团队合作的户外探险活动中，儿童不仅需要与同伴沟通，还要共同制定解决问题的策略，这不仅培养了他们的团队合作精神，还增强了他们的领导能力和责任意识。

综上所述，户外与实践课程通过与自然和环境的互动，不仅能够促进儿童体能的发展，还通过丰富的实践活动提升了他们的探索能力和好奇心，培养了他们的社会责任感和团队协作精神。这类课程的设计符合最新政策中对学前教育全面发展的要求，帮助儿童在认知、情感、社交和体能各个方面实现均衡成长。通过户外实践课程，儿童能够更深入地理解自然界的规律，提升他们的思维能力，同时增强对环境的责任感，成为未来社会中的积极贡献者。

第三节　学前教育课程实施与评价

一、课程实施的策略与方法

（一）课程实施要尊重儿童的兴趣和发展需求

在学前教育课程的实施过程中，最新的教育政策明确强调"以儿童为中心"的理念，要求教师在课程实施中始终把儿童的兴趣和发展需求置于核心位置。这意味着教师不仅要传授知识，还要深刻理解儿童的个体差异，并依据他们的兴趣点、发展阶段和学习需求来设计和组织课程活动。每个儿童在其成长过程中都有独特的兴趣和能力发展节奏，因此，课程的实施必须灵活、多样，以激发儿童的自主学习动机，激发他们的探索欲望和对知识的渴望。

尊重儿童的兴趣和发展需求，要求教师在日常教学中进行敏锐地观察和积极地互动，以深入了解每个儿童的成长特点和兴趣偏好。例如，教师可以通过观察儿童在自由活动时间的选择、与同伴的互动方式以及他们在课堂上的表现，捕捉到儿童在不同发展阶段的需求。教师还可以通过提问、对话或儿童的作品，深入了解他们当前的兴趣点，并根据这些兴趣及时调整教学内容和活动形式，使其更加贴近儿童的认知水平和兴趣爱好。例如，对于处于探索阶段的儿童，他们可能会对自然界的现象充满好奇，教师可以设计一些与自然观察相关的活动；而对喜欢艺术的儿童，教师则可以提供更多绘画、剪纸、手工制作等材料，鼓励他们通过创造性活动表达自己。

在"以儿童为中心"的课程实施中，教师的角色不仅仅是知识的传授者，更多的是学习过程中的引导者和支持者。教师应为儿童提供充足的自主选择，让他们根据自己的兴趣参与不同的学习活动。例如，某些儿童可能在动手能力上表现出色，更偏爱艺术创作或手工活动，那么教师可以为这些儿童准备多样的绘画工具、纸张、剪刀、胶水等手工材料，鼓励他们通过艺术活动表达内心的想法。另一方面，对于那些对科学探索表现出浓厚兴趣的儿童，教师可以设计更多与科学探究相关的活动，如小型实验、自然观察、动植物研究等，帮助他们在科学领域进行深入的探索。这种课程的灵活性不仅让儿童在自己感兴趣的领域获得更深层次的学习体验，还尊重了他们的个性和发展节奏，避免了统一教学内容可能带来的束缚感。

此外，在尊重儿童兴趣和需求的基础上，教师还需要考虑儿童的发展阶段，以保证课程活动的适应性和有效性。不同年龄段的儿童有着不同的认知、情感和社交发展需求，因此课程的设计应依据这些差异进行调整。例如，对于小班的儿童，活动的设计应更为简单、具体，注重感官体验和基础认知的发展，如颜色识别、形状分类等；而对于年龄稍大的儿童，教师可以设计更具挑战性和抽象思维的任务，如简单的数学游戏、团队合作的探索任务等。这种因材施教的方式，不仅可以激发儿童的学习兴趣，还能够提升他们的自信心，帮助他们在学习中找到成就感。

综上所述，课程实施过程中尊重儿童的兴趣和发展需求，是促进他们自主学习和个性化发展的关键策略。通过观察和互动，教师能够更好地理解儿童的需求，并灵活调整教学内容和活动形式，为儿童提供丰富的学习机会。教师作为引导者和支持者，在教学过程中给予儿童更多的选择权和自主权，帮助他们在感兴趣的领域深入学习，这不仅能够增强儿童的学习动力，还能促进他们的个性化发展，帮助每个儿童实现其独特的潜能。在尊重个体差异的基础上，教师能够真正做到"以儿童为中心"，为他们的成长和全面发展提供有效支持。

（二）小组活动、个别化教学与全班活动的结合

根据学前教育的最新政策，课程实施应当灵活采用多样化的教学组织形式，注重小组活动、个别化教学与全班活动的有机结合，以适应不同的教学目标和儿童发展需求。

小组活动可以促进儿童之间的合作与社交能力的发展。通过小组合作，儿童能够学会分享、分工协作和解决冲突。例如，在角色扮演或建构游戏中，教师可以将儿童分成小组，让他们共同完成任务，这不仅有助于提升儿童的团队合作能力，还能通过

互动激发儿童的思维创新。小组活动还可以帮助儿童在交流中学习语言表达与倾听他人的能力。

个别化教学则关注儿童的个性化需求，教师可以根据儿童的发展水平和学习兴趣为他们提供个别辅导或专门的学习材料。例如，有的儿童可能在语言发展上需要额外的支持，教师可以为他们提供针对性的语言练习或词汇扩展活动。个别化教学确保每个儿童在课程中都能够获得适合自己的学习体验，避免"一刀切"的教学模式，从而更好地支持儿童的个体成长。

全班活动则是集体教学的重要形式，通过全班活动，教师可以向所有儿童传递基本的学科知识和课程目标，确保每个儿童都能够获得共同的学习经验。例如，在故事讲述或音乐活动中，教师可以通过全班互动传递情感和知识，同时也为儿童提供参与集体活动的机会。全班活动能够增强儿童的集体意识和团队精神，是培养儿童社会性和共同规则意识的有效方式。

通过合理结合小组活动、个别化教学与全班活动，课程实施能够更加灵活、多样化，确保儿童在不同的情境下获得全面的发展。这种综合教学组织形式既能满足个体差异需求，也能促进集体协作和社交互动。

（三）通过互动引导儿童参与课程，鼓励探究与表达

在学前教育课程的实施过程中，师生互动被视为核心要素之一，是促进儿童学习和发展的关键环节。教师应通过互动积极引导儿童参与课程，并在学习过程中培养他们的探究精神和表达能力。有效的师生互动不仅能够调动儿童的学习兴趣，还能促进他们在认知、语言、社交等多个领域的全面发展。在课程实施中，教师通过提问、讨论、鼓励等方式，能够引导儿童主动参与，激发他们的好奇心，鼓励他们表达自己的想法和见解。这种互动过程不仅有助于儿童建立积极的学习态度，还能促进他们的自主探究和批判性思维的形成。

例如，在一次科学探究活动中，教师可以通过提出开放性问题（如"为什么植物需要阳光?"或"如果没有水，植物会发生什么变化?"）来激发儿童的兴趣和思考。通过这样的提问，儿童被鼓励提出自己的假设和猜想，并在讨论中表达他们的见解。这种互动模式不仅培养了儿童的逻辑思维和问题解决能力，还提高了他们的语言表达技巧和沟通能力。通过讨论，儿童不仅有机会听取他人的意见，还可以学会如何在合作中共同探索问题的答案，从而增强他们的团队合作精神和社交能力。

在互动过程中，教师的角色不仅是问题的引导者，更是儿童学习的支持者和反馈

者。教师应保持积极的引导姿态，给予儿童适时的鼓励和反馈，让他们感受到被认可和支持。例如，在小组活动中，教师可以通过观察儿童的表现，适时地介入并提供指导。当儿童在活动中遇到困难或陷入思考的困境时，教师可以通过提问和对话引导他们寻找解决方案，而不是直接提供答案。这样，儿童在解决问题的过程中能够发展出自主思考的能力，增强探究精神，并学会如何通过反思和尝试来达到学习目标。这样的教学策略不仅促进了儿童的认知发展，也帮助他们在挑战面前建立自信心和坚韧不拔的精神。

此外，教育政策特别强调教师应鼓励儿童在课程中积极表达自己的情感和想法。儿童的情感发展和语言表达能力是学前教育中的重要目标之一，通过互动，教师可以帮助儿童更好地理解和管理自己的情绪，并在学习过程中体验到自我价值和成就感。例如，在艺术创作活动中，教师可以通过开放式的讨论，邀请儿童分享他们的作品背后的故事和自己的情感体验。通过这种形式的互动，儿童不仅能在表达中梳理自己的情绪，还能学会如何通过语言清晰、准确地表达自己的想法。这种表达和互动的机会增强了他们的自信心，并帮助他们在未来的社交和学术环境中更加自如地交流。

互动不仅仅限于知识传递，它还是儿童建立情感联系、获得归属感和自我价值感的重要途径。通过与教师和同伴的互动，儿童逐步学会如何与他人合作、分享和解决冲突。这种合作性学习环境为他们提供了情感支持和社交练习的机会，帮助他们在集体中学会关心他人、理解不同观点，并通过合作实现共同目标。这种体验对儿童的情感发展和社会适应能力有着深远的影响，使他们在未来的人际交往中更具同理心和责任感。

综上所述，学前教育课程的实施策略和方法强调以儿童为中心的教学理念，教师通过有效的师生互动，积极引导儿童参与课程活动，激发他们的探究精神和表达能力。无论是在小组活动、个别化教学还是全班活动中，教师都应通过灵活的互动模式帮助儿童在轻松愉快的学习氛围中获得全面的发展。这种教学策略不仅符合政策中提出的"以儿童发展为本"的教育理念，还能够通过激发儿童的自主学习能力、增强他们的情感表达与社交技巧，促进他们在认知、情感、社交和体能方面的均衡发展。通过这样的课程实施，儿童能够在互动和探索的过程中，充分发挥自己的潜力，为未来的学习和生活奠定坚实的基础。

二、课程实施中的教师角色

(一) 指导者与观察者

在学前教育课程中，教师的角色首先是指导者，同时也是观察者。这种双重身份要求教师在适当的时刻给予引导，同时也能在合适的时机放手，让儿童自主学习与探索。作为指导者，教师需要设计和组织课程活动，引导儿童的学习方向。例如，在一个科学实验活动中，教师可以通过问题引导儿童思考实验现象，并为他们提供初步的操作指导。然而，在儿童实际进行操作时，教师要逐步减少干预，让他们通过自主探索和互动学习，发现和理解科学原理。

作为观察者，教师需要在儿童自主活动过程中保持敏锐的观察，及时了解他们的兴趣、表现和困难。通过观察，教师可以了解儿童在游戏或学习中的需求和发展潜力。例如，某个儿童可能在积木搭建活动中遇到了问题，教师可以通过观察发现他的思维过程是否存在逻辑不清或操作困难，并在适当的时候进行引导。这种观察不仅能够帮助教师更好地理解每个儿童的学习状态，还可以为之后的个性化教学调整提供依据。

教师作为观察者的重要性还体现在尊重儿童的自主性上。教师需要在活动中保持适当的距离，避免过多干预儿童的探索过程，以便他们能够通过实践自主解决问题、发展自信心和独立思考能力。这种尊重儿童自主性的教育理念能够更好地促进儿童的内在学习动力。

(二) 资源提供者

教师在课程实施中还扮演着资源提供者的角色，负责为儿童创造丰富的学习环境和活动场景。学前教育的课程设计应充分利用多样化的材料和工具，激发儿童的创造力和动手能力。作为资源提供者，教师需要为每一项课程活动精心准备教学资源，包括教具、图书、科技设备和艺术材料等，确保儿童有足够的材料进行操作和探究。例如，在艺术课程中，教师可以提供不同的绘画工具和材料，如水彩、油画棒、黏土等，让儿童自由选择和创造，增强他们的艺术感知和表达能力。

除了物质资源，教师还需为儿童创造丰富的活动场景，通过设计多样化的课程活动为儿童提供真实的生活体验。例如，户外探险活动可以通过模拟自然环境的活动，帮助儿童理解自然现象；角色扮演游戏则可以通过模拟社会情境，让儿童体验不同的社会角色和规则。通过这些多元化的场景，儿童能够在真实的情境中学习和体验，有助于他们将学科知识与实践生活相结合。

教师提供的资源应具有多样性和灵活性，能够根据儿童的兴趣、能力水平和发展需求进行调整。这样的资源提供不仅能够激发儿童的好奇心，还可以满足他们不同的学习需求，帮助他们在多元化的活动中充分发展。

（三）个性化支持

教师在课程实施中的另一关键角色是个性化支持者。每个儿童都有不同的学习方式、发展水平和兴趣点，教师需要根据儿童的个体差异调整教学内容和方式，确保每个儿童都能获得适合自己的学习机会。最新的教育政策特别强调要重视儿童的个性化发展，因此教师在实施课程时应避免采用"一刀切"的教学方法，而应根据儿童的实际需求灵活调整。

教师需要通过对儿童的观察，了解他们在认知、情感、社交和体能方面的差异，进而提供针对性的支持。例如，有的儿童在语言发展方面表现较强，教师可以为他们提供更具挑战性的语言活动，如故事讲述或词汇扩展；而那些在精细动作发展上需要更多支持的儿童，教师可以通过提供拼图、积木等游戏活动，帮助他们提高手眼协调和动作控制能力。

此外，教师还需要注意课程节奏的灵活调整。对于某些需要更多时间思考的儿童，教师可以延长他们的活动时间，而对于那些已经掌握基本知识的儿童，教师可以提供更具挑战性的任务。这样的个性化支持不仅能够确保儿童在各自的节奏中获得有效学习，还能够帮助他们保持学习的兴趣和动力。

教师还需要为特殊需求儿童提供额外的支持和帮助。例如，针对语言发展迟缓或社交能力较弱的儿童，教师可以设计专门的活动或提供额外的资源，帮助他们在需要的领域获得提升。个性化支持不仅体现了教育的公平性，还能够确保每个儿童都能够在自己的节奏中实现最佳发展。

综上所述，教师在学前教育课程实施中的角色多元且关键，既是课程的引导者与观察者，也是资源的提供者和个性化支持者。通过有效的引导与观察、提供丰富的学习材料和活动场景，教师能够帮助儿童自主学习和探索；同时，通过个性化支持，教师确保每个儿童都能根据其独特的需求获得发展机会。这种多层次的教师角色符合最新政策中提出的"以儿童为中心"的教育理念，有助于儿童的全面和个性化成长。

三、学前教育课程的评价方式

（一）发展性评价

发展性评价是学前教育课程中最为重要的一种评价方式，旨在通过持续观察儿童在课程活动中的行为、语言、情感表现等，全面了解他们在认知、情感、社交、体能等多个领域的发展状况。发展性评价强调对儿童个体成长的关注，而不是以统一的标准进行测评。教师通过日常观察记录儿童在不同活动中的表现，关注他们在探索、学习、互动中的进步和成长。例如，教师可以通过观察某个儿童在角色扮演游戏中的语言表达与社交互动表现，来评估他的语言能力与社交技能是否得到了提升。

这一评价方式特别强调儿童的发展过程，而不是单一的学习结果。发展性评价的目标在于了解儿童的兴趣点、优势和需要进一步发展的领域，进而帮助教师为每个儿童提供更加有针对性的教育支持。通过这种观察和记录，教师能够掌握儿童的个性化成长轨迹，为后续的教学设计提供依据。

最新政策明确要求，学前教育的评价应关注儿童的个体差异与发展节奏，避免使用统一的测试方法。发展性评价通过多维度的观察，能够全面呈现儿童的成长情况，有助于教师对课程内容进行个性化调整，确保每个儿童都能在适合的学习环境中健康发展。

（二）形成性评价

形成性评价是在课程实施过程中，依据儿童的反馈，动态调整教学内容与策略的一种评价方式。它强调课程的灵活性和适应性，教师通过观察和儿童的反馈，及时调整教学计划，确保课程能够与儿童的兴趣和发展需求紧密结合。例如，教师在进行科学探究活动时，发现部分儿童对某个实验现象表现出极大兴趣，便可以根据这一反馈，延伸出更多相关的活动，让儿童进一步探索和学习。相反，如果某些活动没有引起儿童的兴趣或理解困难，教师则可以简化或调整教学方式。

形成性评价的优势在于它能够灵活回应儿童的即时需求和反应，通过即时调整课程内容，教师可以保证课程的有效性和参与度。最新的学前教育政策也指出，教师应在课程实施中根据儿童的反馈进行及时调整，以确保课程能够促进儿童的持续性发展。形成性评价不仅关注课程的执行效果，还强调通过儿童的学习反应调整教学策略，帮助儿童在课程中保持积极性和参与感。

在这一过程中，教师的观察与互动是关键。教师需要敏锐捕捉儿童在学习中的兴趣点、困惑和反馈，并根据这些信息灵活调整教学计划。例如，教师可以通过与儿童的对话或提问了解他们对课程内容的理解情况，并根据反馈进行及时的调整。形成性评价能够为教师提供课程实施中的持续反馈，确保教学过程与儿童的实际需求保持一致。

（三）综合性评价

综合性评价是对课程实施效果进行全方位评估的一种方式，它结合教师、家长、儿童三方的反馈，全面考察课程的效果和改进方向。学前教育评价不仅要基于教师的观察，还应当吸收家长和儿童的意见，确保评价结果能够全面反映课程对儿童发展的影响。

教师在综合性评价中起着主导作用，通过记录和分析儿童在课堂中的表现，评估课程的有效性和实施效果。同时，家长的反馈也至关重要。家庭是儿童成长的重要环境，家长可以通过与教师的沟通分享儿童在家中的行为变化、学习兴趣和发展状况。通过与家长的合作，教师可以进一步了解课程对儿童的长期影响，并根据家长的反馈调整教学策略。例如，家长可能会注意到儿童在家中更加愿意分享或表达自己，通过这些观察，教师能够更全面地了解课程对儿童社交能力的影响。

此外，儿童的自我反馈也是综合性评价的一个重要维度。虽然学龄前儿童的语言表达能力有限，但教师可以通过提问或讨论，让儿童简单表达他们对某些活动的感受和兴趣点。例如，教师可以通过询问儿童"你最喜欢今天的哪个活动？""你觉得什么部分最有趣？"等问题，了解儿童对课程的真实感受，调整后续教学内容。

综合性评价通过多方反馈为教师提供了全面、系统的课程评估信息，确保课程不仅能够促进儿童的认知和技能发展，还能够支持他们的情感、社会性和身体健康发展。这种多方参与的评价方式能够为课程的持续改进提供坚实基础，帮助教师设计出更适合儿童发展的教学活动。

综上所述，学前教育课程的评价方式应包括发展性评价、形成性评价和综合性评价。发展性评价通过持续观察儿童的行为与语言，了解他们的成长轨迹；形成性评价强调在课程实施中依据反馈及时调整教学策略；综合性评价则通过教师、家长、儿童的多方反馈，全面评估课程的效果和改进方向。这些评价方式紧密结合最新政策的要求，确保课程能够有效促进儿童的全面发展，帮助教师不断优化教育策略。

四、评价结果的应用

（一）用于课程改进

在学前教育课程实施过程中，评价结果的首要作用是用于课程的改进和优化。根据最新的政策要求，学前教育的评价体系应具有反馈机制，帮助教师通过持续的观察和评估，了解课程的效果和不足之处，并据此进行调整和改进。教师通过对发展性、形成性和综合性评价的分析，可以发现哪些教学策略或活动最有效，哪些部分需要修改或增强。例如，教师可能通过观察发现，某些游戏活动不能充分激发儿童的参与度，那么在后续课程中，教师可以修改游戏规则或引入新的活动形式，确保所有儿童都能积极参与并从中受益。

此外，评价结果也有助于教师优化课程内容的深度与广度。如果评价显示儿童在某些领域，如数学启蒙或语言发展方面表现出较大的进步，教师可以增加相应的课程难度或扩展学习范围，进一步挑战儿童的学习能力。另一方面，如果某些领域的进展较为缓慢，教师则可以简化内容，提供更多的支持和练习机会。政策中也明确提出，学前教育课程应具有灵活性，教师应根据儿童的反馈和发展需求，持续优化课程内容和教学方式，以确保课程能与儿童的认知、情感和社交发展相适应。

（二）个体化教育支持

评价结果还应用于为儿童提供个体化的学习支持。每个儿童的学习进度和发展水平各不相同，政策强调，教师应根据评价结果为不同水平的儿童设计个性化的教育方案。通过发展性评价和形成性评价，教师可以识别出哪些儿童在某些领域需要更多的支持，哪些儿童在某些方面表现出更超前的发展，从而有针对性地调整教学内容和方式。

例如，如果某个儿童在语言表达方面表现出困难，评价结果可以帮助教师为其设计额外的语言活动，如更多的口语练习、词汇扩展任务或小组对话机会等。而对于那些在数学或逻辑思维方面表现优秀的儿童，教师可以通过提供更具挑战性的任务（如复杂的拼图、逻辑游戏等）来帮助他们进一步提升。此外，评价结果还能为特殊需求儿童提供更精准的教育支持。例如，针对有语言发展迟缓或行为问题的儿童，教师可以设计专门的干预措施，提供更多的一对一辅导或使用特殊教育工具。

通过个体化教育支持，教师能够确保每个儿童都能在适合自己的节奏中发展，不仅提升了课程的有效性，也帮助儿童更好地实现其潜能。这一策略符合最新的政策要求，即尊重儿童的个体差异，倡导个性化教育，确保每个儿童都能在学前教育阶段得到充分的发展支持。

（三）家校沟通

学前教育课程评价的另一个关键应用是加强家校合作。通过分享评价结果，教师能够与家长就儿童的发展状况进行有效沟通，共同制定更好的教育策略和支持计划。家长是儿童教育的重要合作伙伴，家校合作对于促进儿童全面发展至关重要。因此，评价结果应定期反馈给家长，帮助他们了解儿童在学校中的表现，并为家庭教育提供参考依据。

家校沟通可以通过家长会、个别家长交流和书面反馈等多种形式进行。通过这些交流，家长可以了解到儿童在认知、社交、情感等方面的发展进度，以及他们在课堂中的表现和互动情况。例如，如果教师通过评价发现某个儿童在社交互动方面表现出不足，教师可以建议家长在家庭环境中增加与儿童的互动机会，或者通过游戏和合作活动帮助儿童提升社交能力。家长也可以通过反馈，分享他们在家庭中观察到的儿童行为变化和学习兴趣，帮助教师更全面了解儿童的整体发展。

此外，家校合作还可以通过共同制定儿童的教育计划和目标来加强。例如，针对那些在某些领域需要更多支持的儿童，教师和家长可以共同商讨如何在家庭和学校环境中提供一致的支持和资源，帮助儿童克服学习中的困难。通过这种合作，家长不仅能够参与到儿童的教育过程中，还能在家庭中进一步巩固和扩展学校教育的成果，形成家校协同育人的良好局面。

综上所述，评价结果在学前教育课程中的应用具有多方面的价值，包括用于课程改进、个体化教育支持以及促进家校合作。通过对评价结果的分析，教师可以优化课程内容和教学策略，确保课程的有效性；为不同发展水平的儿童提供个性化支持，帮助他们在各自的节奏中获得最佳发展；同时，评价结果也是加强家校沟通的重要工具，帮助家长了解儿童的学习状况，并共同制定教育策略，支持儿童在家庭和学校中的全面发展。这些应用方式符合最新政策中"以儿童为中心"和"家校合作共育"的教育理念，有助于儿童在学前阶段实现全面、均衡的成长与发展。

第四章　学前教育教学方法与策略

学前教育是儿童生命早期最为关键的发展阶段之一，这一时期不仅是他们认知能力、情感发展、社交技巧和体能素质快速成长的关键节点，也是他们个性塑造和终身学习态度形成的基础阶段。因此，如何通过科学、有效的教学方法来引导儿童自主学习、激发他们的兴趣和潜能，是每位教育者必须面对的重要挑战。在这一时期，儿童的思维模式仍然处于探索性和直观性的阶段，他们的好奇心和求知欲非常旺盛，但同时，他们的注意力集中时间相对较短，情感表达和社交能力也尚未成熟。这就要求教师采用多样化的教学策略，既要尊重儿童的天性和发展规律，又要通过灵活有趣的教学活动保持他们的学习动机。

第一节　儿童中心教学法

一、儿童中心教学法的概念与理论基础

（一）儿童中心教学法的概念

儿童中心教学法是以儿童为主体，强调儿童在学习过程中的主动性、兴趣和个性发展。该方法认为，每个儿童都是独特的个体，具有自己的兴趣、需求和学习节奏，因此，教学应围绕儿童展开，鼓励他们通过自主探索、实践和互动来构建知识，而不是单纯接受成人传授的内容。教师在儿童中心教学中不再是知识的传递者，而是引导者和支持者，帮助儿童在自主学习的过程中发现问题、解决问题，发展自我。

（二）皮亚杰的认知发展理论

儿童中心教学法的重要理论基础之一，是瑞士著名心理学家让·皮亚杰提出的认知发展理论。皮亚杰的理论强调，儿童的认知发展并不是简单地被动吸收外界信息的

过程，而是通过与环境的持续互动，主动建构知识的过程。他认为，儿童的思维方式在其成长过程中会发生质的变化，认知能力是通过不断地探索和反思而逐步发展的。为了揭示这一认知发展的内在机制，皮亚杰提出了儿童认知发展的四个关键阶段：感知运动阶段（0~2岁）、前运算阶段（2~7岁）、具体运算阶段（7~11岁）以及形式运算阶段（11岁以上）。每个阶段代表了儿童在思维方式、问题解决能力、逻辑推理能力等方面的不同水平。①

在感知运动阶段，儿童主要通过感觉和运动来理解世界，他们的思维方式以直接的感知和动作为基础。此时，儿童对周围环境的认知是通过身体的直接互动逐步建构起来的，比如通过抓握、触摸、咀嚼等行为，他们逐渐学会理解物体的持久性和因果关系。进入前运算阶段，儿童开始发展符号性思维，能够通过语言、图像和符号来代表物体和事件，但他们的思维仍然局限于表面特征，缺乏逻辑推理的能力。到了具体运算阶段，儿童的思维变得更加逻辑化和系统化，他们可以在实际情境中运用逻辑规则进行推理，但仍然依赖于具体的经验和事物。最后，在形式运算阶段，儿童开始具备抽象思维的能力，能够处理假设性问题，进行逻辑推理和归纳演绎。

皮亚杰还提出了认知发展的两个重要机制：同化和顺应。同化指的是儿童将新的信息纳入已有的认知结构中，试图用现有的知识框架解释新的体验；顺应则是指当新的信息与现有的认知结构发生冲突时，儿童调整或修改其认知结构，以更好地适应新的信息。这两个过程相互作用，推动儿童认知能力的不断发展与提升。因此，皮亚杰认为，儿童在学习过程中不应仅仅是被动的知识接收者，而应该作为主动的探索者，通过反思和实践构建自己的知识体系。

皮亚杰的认知发展理论为儿童中心教学法提供了重要的理论支持。他的理论表明，儿童通过自主探索、动手实践和反思来建构知识，这与儿童中心教学法的理念高度契合。儿童中心教学法强调教师应为儿童创造丰富的学习环境，提供多样化的探索机会和活动，如游戏、实验、动手操作等，让儿童在主动参与的过程中自然地建构知识。例如，在学前教育中，教师可以通过引导儿童参与角色扮演、搭建积木、自然观察等活动，让他们通过实践和互动理解事物的基本概念。这种教学方法不仅尊重了儿童的认知发展规律，还能有效激发他们的好奇心、创造力和解决问题的能力。

通过引导儿童自主探索和发现，皮亚杰的认知发展理论为学前教育提供了重要的参考框架，推动了以儿童为中心的教学法的广泛应用。教师的角色从知识传授者转变

---

① 何克抗. 儿童思维发展新论和语文教育的深化改革——对皮亚杰"儿童认知发展阶段论"的质疑 [J]. 教育研究, 2004, 25（1）: 6.

为引导者和支持者，通过提供丰富的学习材料和环境，让儿童在自由探索中学习、反思和成长。

（三）维果茨基的社会文化理论

苏联著名心理学家列夫·维果茨基的社会文化理论对儿童中心教学法产生了深远的影响，尤其是在强调社会互动对儿童认知发展的重要性方面。维果茨基的理论核心观点是，儿童的认知发展并不仅仅是个人独立思考的结果，而是在社会互动的背景下，通过与成人或更有能力的同伴合作和交流来实现的。他认为，社会、文化和语言环境对儿童的认知成长起到了决定性作用。儿童的发展不仅依赖于他们的内在潜能，还需要借助外部社会环境的支持和引导。因此，学习是一个高度社会化的过程，儿童在与他人的互动中不断超越自己的现有能力，进而实现新的发展。

维果茨基提出的"最近发展区"（Zone of Proximal Development，ZPD）概念是他的核心理论之一。他将儿童当前能够独立完成的任务称为"现有发展水平"，而那些儿童尚未完全掌握但可以在他人帮助下完成的任务，称为"潜在发展水平"。"最近发展区"正是指这两者之间的差距，即儿童在获得适当的支持和指导下能够完成的学习任务。维果茨基认为，教师、家长或能力较强的同伴在这个过程中扮演了"支架"角色，通过提供适时的帮助，逐步引导儿童进入并拓展他们的"最近发展区"，从而促使他们掌握新的技能和知识。这种支持可以是语言指导、实物展示，或者是鼓励儿童通过模仿、讨论等方式主动参与学习过程。在儿童逐渐掌握任务并提高能力后，这些外部支架将被逐步撤去，儿童可以独立完成更高难度的任务，从而实现自我发展。

儿童中心教学法正是借鉴了维果茨基的社会文化理论，特别是"最近发展区"的概念，强调教师在尊循儿童自主性的基础上，提供适时的支持和引导。教师不仅要为儿童创造自由探索和学习的空间，还要在关键时刻通过引导性提问、讨论、合作活动等方式介入，帮助儿童克服认知障碍，进入他们的"最近发展区"。例如，教师可以在儿童进行建构活动或解决问题时，通过提示或示范，帮助他们理解更为复杂的概念或任务。在这种情况下，儿童的学习不仅限于他们当前的认知水平，还能够在教师或同伴的帮助下突破自身的限制，达到更高层次的学习目标。

此外，维果茨基强调语言在认知发展中的关键作用。他认为，语言不仅是交流的工具，更是思维的载体，儿童通过语言与他人的互动，不仅能够加深对知识的理解，还能够通过反思和内化这些交流，发展出更高级的认知技能。因此，儿童中心教学法也高度重视通过语言互动和社交活动来促进儿童的学习。教师鼓励儿童在学习中进行讨论、表达自己的想法和与同伴合作，这种互动不仅能够增强他们的语言表达能力，还能帮助他们通过交流获得多角度的思考和理解，进一步提升他们的批判性思维和问题解决能力。

互动性和社会化学习是儿童中心教学法的重要组成部分，它借鉴了维果茨基的理论，将合作学习和社交活动融入教学设计中，使得儿童不仅在自主学习的基础上成长，还通过与他人的沟通和合作实现更深层次的认知发展。例如，在课堂上，教师可以安排小组活动或合作项目，让儿童通过与同伴分享彼此的观点，共同解决问题。这样的学习过程为儿童提供了多样化的学习视角和挑战，也让他们能够通过互相启发和协作获得更丰富的学习体验。

总的来说，维果茨基的社会文化理论为儿童中心教学法提供了强有力的理论支持，特别是在如何通过互动和支持来促进儿童认知发展方面。这一理论强调教师在教学中不仅仅是观察者或知识的传授者，而应成为学习的引导者和支持者。通过适时的指导，教师帮助儿童在"最近发展区"内不断前进，激发他们的潜力和探索欲望。这种以互动为基础的学习模式，不仅尊重了儿童的自主性，还通过社交和合作的方式，促进了儿童的多方面发展，使他们在认知、社交、情感等领域取得全面的成长。

（四）儿童作为主动学习者的理念

儿童中心教学法的核心理念之一是"儿童是主动学习者"，而不是传统教育观念中的被动知识接受者。根据这一理念，学习不应仅仅是教师向儿童传递信息的单向过程，而应是一个充满活力和互动的动态过程，儿童通过与环境的不断互动、自主探究和解决问题来构建自己的知识体系。这意味着儿童不仅仅是接受者，他们是学习的主导者，在学习过程中发挥着积极的角色。儿童通过观察、思考、提出问题、寻找答案以及与他人交流合作的方式，逐步形成对世界的理解，构建自己的知识和经验。

儿童中心教学法强调，学习是个体主动的建构过程，儿童的学习不仅依赖于外部的知识输入，更依赖于他们对外界的主动探索。儿童天生具有强烈的好奇心和求知欲，他们会通过动手实践、观察、模仿和尝试等方式来理解周围的世界。例如，儿童通过玩耍、动手搭建积木或在沙滩上堆沙堡的过程中，不仅仅是在享受游戏的乐趣，实际上他们也在感知物体的形状、重量、平衡以及如何克服挑战。通过这种主动的探索和操作，儿童不仅发展了动手能力，还通过尝试与错误的反馈中获得了问题解决的经验。这样，儿童在自主学习的过程中，逐步构建和丰富了他们的认知世界。

在这种主动学习的框架下，教师的角色发生了转变，不再是传统意义上的"知识传授者"，而是"引导者"和"支持者"。教师的任务是为儿童创造一个富有刺激性和支持性的学习环境，提供适合他们兴趣和发展水平的资源和机会，而不是直接灌输知识。儿童中心教学法要求教师根据每个儿童的兴趣和发展阶段设计教学活动，尊重儿童的个体差异，鼓励他们通过自主探索获得知识。例如，对于对自然科学感兴趣的儿童，教师可以提供实验材料和自然观察的机会，让他们通过动手实验和观察自然现象来提出问题并寻找答案。对于喜欢艺术创作的儿童，教师则可以提供丰富的绘画工具、手工材料，让他们通过表达自己的创意来发现自我并提升创造力。这样，教师为儿童搭建了一个自主学习的平台，鼓励他们根据自己的兴趣选择学习的内容和方式。

这种主动学习的理念激发了儿童的好奇心和探究精神，鼓励他们在自主学习的过程中获得成就感和自信心。当儿童能够自主选择学习的内容和形式时，他们更容易感到自己是学习的主人，进而更加投入和专注。自主选择的学习活动能够增强他们的内在动机，使他们在解决问题和克服困难时更有耐心和毅力。同时，通过自主学习，儿童学会了如何规划自己的学习过程，如何应对挑战，并从中获得成功的喜悦与满足感。这种学习经验不仅提升了他们的认知能力，还增强了他们的自信心和独立性，使他们在未来的学习和生活中更加积极主动。

此外，主动学习的理念还促进了儿童的创造力和批判性思维能力的发展。在自主学习中，儿童有机会进行探索、试验和创新，他们能够通过自己的方式表达对问题的理解，提出独特的见解或创造性的解决方案。这种方式不仅使儿童更深入地理解所学的知识，还鼓励他们从不同的角度思考问题，学会质疑、反思和创新。例如，在角色扮演的游戏中，儿童可能会假扮医生、老师或科学家，通过想象和表演来尝试不同的社会角色和职业，这种自由的探索使他们不仅了解了社会规则，还发展了社交技巧和问题解决能力。

为确保儿童能够充分发挥他们作为主动学习者的潜力，教师还需为他们提供丰富的学习环境、游戏活动和互动机会。在一个多样化的学习环境中，儿童能够在自然的情境中进行学习，充分运用感官和身体进行探索。户外活动、动手操作、实验探究等形式，都能够为儿童提供生动、直观的学习体验，帮助他们在实践中内化知识。例如，教师可以带领儿童在户外观察植物的生长过程，或通过搭建积木来培养他们的空间认知能力。通过这些互动性强的活动，儿童能够在游戏和实践中体验、反思、探索，激发他们的求知欲和创造力，并在学习过程中发展个性和社会能力。

总而言之，儿童中心教学法中的"儿童作为主动学习者"这一理念，强调了儿童的主体性和自主性，认为儿童在学习过程中应当是积极的参与者和探索者，而不是被动的接受者。教师作为引导者，通过创造适宜的学习环境、提供丰富的资源和支持，帮助儿童在自主学习中成长。这种教学方法不仅能激发儿童的学习兴趣，还能增强他们的自信心、独立性和创造力，使他们在认知、情感和社交方面实现全面发展。

综上所述，儿童中心教学法以皮亚杰的认知发展理论、维果茨基的社会文化理论为基础，强调儿童作为主动学习者的角色，倡导通过自主探索、社会互动和教师适时引导，帮助儿童在学习过程中构建自己的知识体系。这一教学法不仅关注儿童的认知发展，还注重其情感、社交和个性的发展，形成了一种全人教育的理念。

二、儿童中心教学法的原则

（一）尊重儿童个体差异

儿童中心教学法的首要原则是尊重儿童的个体差异。这一原则承认每个儿童在兴趣、能力和发展阶段上的独特性。每个儿童都有自己独特的学习节奏和方式，教师需要通过观察和了解，发现每个儿童的特点，并根据这些差异设计和实施相应的教学内容和方法。例如，某些儿童在语言表达方面更为出色，而其他儿童可能在逻辑推理或身体运动方面展现出更强的能力。儿童中心教学法强调，教师不应将所有儿童置于同一标准之下，而是要为每个儿童提供个性化的学习体验。这不仅能帮助儿童最大限度地发展其潜力，还能增强其学习兴趣和自信心。

（二）鼓励自主学习

儿童中心教学法的第二个核心原则是鼓励儿童自主学习。该原则认为，儿童在学习过程中应当有更多的选择权和自主权。通过赋予儿童选择的机会，让他们自己决定参与哪些活动、如何完成任务，能够增强他们的学习动机和主动性。教师通过设置丰富的学习环境和多样化的活动，让儿童在探索中获得知识和技能。例如，教师可以设计开放性任务，让儿童根据自己的兴趣选择材料和工具，并独立完成活动。通过这种方式，儿童能够发展自我管理和问题解决的能力，同时获得更强的参与感和成就感。

（三）注重发展过程

儿童中心教学法不仅重视学习的结果，更强调学习的过程。这个原则认为，儿童在学习中的探索、发现和反思过程，比单一的学习结果更为重要。在传统教学中，评估往往侧重于衡量最终的学习成果，例如儿童是否掌握了某个知识点或完成了特定的任务。然而，儿童中心教学法更关注儿童在任务完成过程中如何思考、如何解决问题以及如何应对挑战。儿童不仅能发展认知能力，还能培养创新思维、耐心和适应力。教师应当通过观察儿童的学习过程，给予适时的反馈和支持，鼓励他们不断尝试和改进，而不是仅仅注重任务是否完成或答案是否正确。这种关注过程的教学方法有助于培养儿童的独立性和持久的学习兴趣。

综上所述，儿童中心教学法的核心原则包括尊重儿童的个体差异、鼓励自主学习以及注重发展过程。这些原则强调儿童在学习中的主动性和独特性，关注他们的学习过程而非仅仅注重学习结果。通过这些原则的实践，儿童能够在一个更加自由、支持性的环境中获得知识，发展其全面的认知、情感和社交能力。

三、儿童中心教学法的实施策略

（一）灵活安排课程

儿童中心教学法的核心理念之一在于课程的灵活性，这也是该教学法有效实施的关键。与传统教学方法中固定的课程安排不同，儿童中心教学法要求教师在设计和实施课程时，不断关注儿童的兴趣、需求和发展阶段，灵活调整教学内容和教学形式。课程的安排不应是僵化或一成不变的，而应随着儿童的变化而变化，灵活适应他们的认知水平和学习需求。这种灵活性不仅能帮助儿童更好地参与学习，还能够更深入地激发他们的好奇心和探索欲望。

在课程设计过程中，教师需要根据儿童的个体差异、当前的兴趣点以及发展阶段来规划教学活动。例如，某些儿童在某个特定的时间段可能对自然科学表现出浓厚的兴趣，教师就可以临时增加与这一主题相关的教学活动，丰富教学内容，为儿童提供更多与这一主题相关的探索机会。这样，儿童可以更深入地学习自己感兴趣的内容，并在学习中获得极大的满足感和成就感。这种基于兴趣的灵活课程设计，不仅能够提升儿童的学习积极性，还能促使他们在自主探索中发现更多问题、提出更多疑问，最终推动他们的思维发展和能力提升。

同时，教师也需要根据儿童的认知能力和发展阶段调整教学内容的深度和难度。在一些情况下，教师可能会发现某些课程内容对儿童来说过于简单，无法有效激发他们的思考和探索欲望；或者有时教学内容过于复杂，导致儿童感到困惑和挫败。这时，教师就应当灵活调整课程的难度，使之既能对儿童提出适当的挑战，又不至于让他们感到无力应对。例如，当教师发现儿童在理解数学概念时感到困难时，可以通过增加实际操作和游戏环节，简化复杂的概念；而当儿童对某些艺术创作活动表现出过强的掌握能力时，教师则可以增加更具挑战性的创意任务，激发他们的创造力和批判性思维。这种灵活调整的策略，确保了课程内容既符合儿童当前的认知水平，又能够不断引发他们的思考和深入探索。

灵活安排课程还要求教师在日常教学中时刻保持敏锐的观察能力，不断捕捉儿童的反馈和反应。通过观察儿童在课堂活动中的表现，教师可以了解到他们的情感反应、学习进度和认知水平，从而做出适时的调整。例如，如果儿童在某一主题的学习中表现出疲倦或兴趣下降，教师可以通过更换活动形式或改变教学节奏，重新调动儿童的学习热情；如果儿童在小组合作活动中遇到了社交困难，教师也可以通过调整小组成员的配置或引入更具互动性的游戏，帮助儿童在互动中获得更多的社交体验与成长。这种灵活性要求教师不仅仅是课程的设计者，更是教学过程中的积极引导者和调控者，他们需要通过不断地调整与优化，确保每个儿童在学习中都能够体验到合适的挑战和满足感。

此外，灵活的课程安排不仅限于日常课堂教学中的微调，还应包括对长期学习计划的合理调整。教师在学期初设计的教学大纲和目标不应被视为不可更改的固定框架，而是应当根据实际教学情况进行动态调整。例如，某些儿童可能在某个领域展现出特别强的兴趣或天赋，教师可以在学期过程中为这些儿童开设更为深入的专题课程或活动，以进一步开发他们的潜力；相反，如果儿童在某一方面遇到了普遍的学习困难，教师也应根据情况延长这一内容的学习时间，增加多样化的教学方法和活动设计，帮助儿童更好地理解和掌握课程内容。通过这样的调整，课程安排可以更具适应性，符合儿童的发展节奏。

总的来说，灵活安排课程是儿童中心教学法中不可或缺的策略。这种灵活性不仅体现在教学内容和形式的调整上，还包括教师对儿童个体差异的关注、对其反馈的及时回应以及课程深度和难度的适应性调控。通过这种灵活的课程安排，教师能够确保每个儿童都能在适合自己的环境中学习，从而激发他们的学习兴趣，增强他们的主动性与参与感。最终，这种以儿童为中心的教学方法，能够促进儿童在认知、情感、社交等多个维度的全面发展。

（二）观察与记录儿童表现

在儿童中心教学法中，观察是至关重要的实施策略之一。通过有目的、有系统的观察，教师能够深入了解每个儿童的学习风格、兴趣点、个性特点以及他们在学习过程中的具体需求。观察的重点不仅仅是简单地关注儿童是否完成了某项任务，还要深入分析他们在任务中的表现、思维过程和情感反应。例如，教师可以关注儿童在解决问题时采用了哪些策略，他们如何处理遇到的困难，是否能够主动寻求帮助，或者他们在与同伴互动时表现出的社交行为和沟通能力。通过这些细致的观察，教师能够更加全面、准确地了解儿童的整体发展状况。

观察不仅仅是被动地关注，它需要教师时刻保持敏锐的洞察力，关注儿童的行为细节和反应模式。例如，某个儿童可能在搭建积木时表现出极高的专注力和创造力，甚至能够通过多次尝试找到平衡的技巧，展示出强大的空间思维和解决问题的能力。另一个儿童可能在角色扮演游戏中表现出领导才能，能够带领小组成员完成任务，并积极与同伴沟通和协调。在这些不同的情境中，教师需要记录下每个儿童的表现，以便在未来的教学中提供更具针对性的支持和指导。

观察与记录儿童表现是教师调整教学策略的重要依据。通过记录儿童的学习行为、情感反应和社交互动，教师可以积累丰富的儿童发展档案，这些资料能够帮助教师更清晰地了解每个儿童的成长轨迹。例如，如果教师在日常观察中发现某个儿童对绘画表现出极大的兴趣，且在自由活动时间总是选择与艺术相关的活动，教师可以为该儿童安排更多与艺术相关的学习机会，如绘画、手工制作或参观美术展览等活动，进一步发展他的艺术才能。同时，教师还可以设计一系列的跨学科学习活动，将艺术与其他学科（如数学、科学等）相结合，让儿童在学习艺术的过程中，掌握更多的综合知识与技能。

同样，通过观察，教师还能发现儿童在学习过程中的潜在挑战或问题。例如，某个儿童在合作活动中可能表现出社交困难，不能与同伴顺利交流或分享资源的情况。教师可以通过记录该儿童在不同情境下的社交表现，分析其具体的挑战所在，并为其设计更加有针对性的教学干预。教师可以为该儿童安排更多的小组合作机会，并通过角色扮演、合作游戏等方式，帮助他逐步提高社交技巧，学习如何更好地与他人沟通和合作。这种基于观察的教学调整，能够有效帮助儿童克服发展中的障碍，促进他们在社交、情感等方面的全面发展。

持续的观察与记录还有助于教师在评估儿童进步时有更加客观的依据。儿童的发展是一个动态的过程，单次的测试或评估可能无法全面反映他们的实际能力与潜力。通过长期的观察和记录，教师能够更好地把握儿童的成长曲线，识别出他们的优势领域以及需要加强的方面。例如，一个在初期表现出语言表达困难的儿童，可能随着时间的推移，通过持续的语言活动和互动逐渐提高自信心和表达能力。教师可以通过比较不同时期的观察记录，清晰地看到儿童在特定领域中的进步，并据此调整接下来的教学目标与活动设计。

此外，观察与记录还能够为教师与家长的沟通提供有力的支持。通过详细记录儿童在学校中的表现，教师可以在与家长交流时提供具体的实例和数据，帮助家长更好地了解儿童在学校的学习和社交情况。例如，教师可以通过观察记录向家长反馈某个儿童在课堂活动中的表现、在合作中的角色以及如何应对挑战，这些信息能够帮助家长更好地配合学校的教育工作，共同为儿童的发展提供支持。

综上所述，观察与记录儿童表现是儿童中心教学法中至关重要的环节。通过系统的观察，教师不仅能够深入了解儿童的学习方式、兴趣和挑战，还能够根据观察所得提供更加个性化的教学支持，帮助儿童在各个领域充分发挥潜力。通过观察，教师能够灵活调整课程，设计适合每个儿童的发展计划，确保他们在认知、情感、社交和体能等方面得到全面发展。持续的记录不仅有助于教学调整和评估，还为教师与家长的沟通提供了科学的依据，共同推动儿童健康、快乐地成长。

（三）营造支持性的学习环境

儿童中心教学法的成功实施不仅依赖于灵活的课程安排和个性化的教学方法，还需要为儿童营造一个充满支持和激励的学习环境。这样的学习环境应当富有创造力和包容性，能够为儿童提供丰富的教学材料、多样化的活动空间，并为他们的自主学习和探索提供足够的支持和保障。这种环境不仅是知识获取的场所，更是儿童探索世界、表达自己、发展社交技能和解决问题的空间。在这个空间中，儿童可以自由探索，按照自己的节奏学习和成长，从而真正实现以儿童为中心的教学理念。

首先，教学材料的选择是创建支持性学习环境的重要组成部分。材料应当具有多样性、灵活性和吸引力，能够满足不同儿童的兴趣和学习需求。提供多样化的教学资源，如绘画工具、积木、拼图、科学实验器材、手工制作材料、图书等，能够为儿童创造丰富的学习机会。例如，艺术材料可以激发儿童的创造力，积木和拼图可以培养他们的空间认知和问题解决能力，科学实验器材可以引导他们进行探究性学习，激发他们对自然世界的好奇心。教师在材料的选择上应充分考虑每个儿童的兴趣和发展水平，确保不同的儿童能够找到适合自己需求的学习资源。通过这种多样化的材料支持，儿童可以自主选择和参与活动，感受到学习的乐趣和成就感。

此外，活动空间的设计也是支持性学习环境的重要因素。一个开放、灵活的学习空间能够让儿童自由移动、合作互动，而不是将他们限制在固定的座位或封闭的区域中。例如，教室可以设置多个学习角或探索区，每个区域针对不同的活动或学习主题，如艺术角、阅读区、科学实验区或合作游戏区。这样的布局不仅允许儿童根据自己的兴趣选择活动，还鼓励他们通过自主移动和探索，发展自我调控能力和主动学习的习惯。同时，开放的空间设计能够促进儿童之间的互动与合作，让他们通过共同完成任务或项目，学会如何与他人协作，发展社交技能和团队意识。合作游戏或集体项目还能够帮助儿童理解如何在社交环境中分享资源、分配任务和解决冲突，从而增强他们的社会适应能力。

在这个支持性的学习环境中，儿童的自主性得到了最大程度的尊重和体现。自由选择材料和活动不仅能够激发儿童的内在动机，还能够增强他们的责任感和自我管理能力。儿童通过探索和实验，学习如何在实践中思考和解决问题。比如，当儿童在搭建积木或进行科学实验时，遇到结构不稳或实验失败的问题，他们需要通过不断尝试和调整，找到合适的解决方案。这种探索性的学习模式能够培养他们的创造力、批判性思维和坚持不懈的态度。自由的活动选择和空间移动，让儿童有更多机会自主安排自己的学习活动，发展出更强的时间管理和计划能力，从而在未来的学习和生活中更加自信和独立。

然而，支持性学习环境的成功不仅仅依赖于材料和空间的设计，教师在其中扮演的角色同样至关重要。在这个环境中，教师不再是主导课堂的知识传授者，而是一个引导者、支持者和观察者。教师需要敏锐地观察儿童在自主活动中的表现，理解他们的需求和挑战，并在必要时提供适当的帮助和资源支持。例如，当儿童在某项任务中遇到困难时，教师可以通过提出引导性问题或提供一些启发性的提示，帮助他们克服障碍，而不是直接给予答案。这种方式不仅帮助儿童在自主探索中保持学习的动力，还能促使他们通过自主思考找到解决方案，提升他们的自信心和成就感。

此外，教师还应通过积极的鼓励和反馈，确保儿童在探索过程中感到被认可和支持。比如，当儿童完成了一幅画或成功完成了一个搭建项目，教师可以通过鼓励性的话语或展示他们的作品，肯定他们的努力和成就。这种认可不仅能够增强儿童的自信心，还能够激励他们继续保持对学习的热情和探索的动力。同时，教师的反馈应当是建设性的和个性化的，帮助儿童意识到他们在学习中的进步和需要改进的地方，从而推动他们的进一步发展。

总的来说，营造支持性的学习环境是儿童中心教学法成功实施的重要前提。通过提供多样化的教学材料和灵活开放的活动空间，儿童能够在自由、安全的氛围中大胆探索、表达创意，并通过自主活动学会如何思考和解决问题。教师在这样的环境中扮演着重要的支持者和观察者角色，确保儿童在探索的过程中能够获得适时的指导和帮助。这种环境设计不仅能促进儿童的认知、情感、社交和体能的发展，还能增强他们的自信心、独立性和合作能力，使他们在未来的学习和生活中更加积极主动、充满创意。

综上所述，儿童中心教学法的实施策略强调课程的灵活性、对儿童表现的持续观察与记录，以及支持性的学习环境建设。通过这些策略，教师能够为儿童创造一个充分发挥自主性和创造力的学习空间，帮助他们在探索中成长，实现全方位的发展。

第二节　互动与合作学习

一、互动与合作学习的教学模式

（一）小组合作学习

小组合作学习是一种重要的互动与合作学习策略，旨在通过将儿童分成小组来促进他们的相互学习与支持。在小组合作中，儿童不仅能从老师那里获取知识，还能通过与同伴的互动加深对知识的理解。小组成员之间可以分享各自的见解和经验，解决问题时相互协作，集思广益。这种教学方法不仅帮助儿童发展认知能力，还能增强他们的社交技能，如合作能力、沟通能力和冲突解决能力。

在实施小组合作学习时，教师可以设计各种分组活动。例如，在一个建筑主题的学习活动中，教师可以将儿童分成几个小组，每个小组分工合作，建造不同的结构。通过分组活动，儿童在讨论和实践中共同探索解决问题的方法，并相互启发。同时，教师在小组活动中扮演观察者和引导者的角色，适时介入并给予支持，确保每个儿童都能参与其中并获得学习经验。通过小组合作，儿童不仅能从他人的经验中获益，还能提高自身的社交意识，增强团队合作精神。

（二）同伴教学

同伴教学是一种通过让儿童彼此帮助和指导的方式，促进相互学习的教学策略。与小组合作学习相比，同伴教学更加强调个体间的学习指导。教师在这种教学模式下，将较有经验或能力的儿童与其他儿童配对，让他们在完成任务的过程中相互支持。同伴教学能够充分利用儿童间的不同能力层次，创造更为多样化的学习机会。例如，能力较强的儿童可以通过教导他人巩固自己的知识，而接受帮助的儿童则能从同伴的引导中获得新的学习经验。

同伴教学的一个重要优点是，它能在自然的社交环境中促进学习，同时提升儿童的自信心和责任感。例如，在阅读活动中，教师可以安排已经掌握阅读技能的儿童与需要更多帮助的同伴配对，让他们一起完成阅读任务。通过这种合作，教师可以减少对每个儿童的直接指导需求，让儿童自主发展解决问题的能力，并在同伴教学中获得更多成就感。此外，同伴教学还能增强儿童间的合作意识，使他们认识到帮助和支持他人也是学习的重要组成部分。

（三）问题导向学习

问题导向学习（Problem-Based Learning，PBL）是一种引导儿童通过提出问题、集体讨论和探索来寻找解决方案的教学策略。此方法以实际问题为中心，将儿童置于情境中，通过讨论和合作的方式解决问题，培养他们的批判性思维、问题解决能力以及团队协作能力。问题导向学习能够激发儿童的好奇心和探究欲望，引导他们主动参与到学习过程中。

教师可以设计开放性的问题或情境，让儿童通过小组讨论和探索来解决问题。例如，在一个关于"如何种植植物"的活动中，教师可以提出一个问题："我们如何让种子发芽？"儿童可以通过小组讨论，提出不同的解决方案，如提供阳光、水分和适当的土壤。教师在这个过程中提供必要的引导和支持，但不会直接告诉答案，而是通过提问和启发性的建议，帮助儿童在探究中得出自己的结论。通过问题导向学习，儿童能够在解决问题的过程中加深对知识的理解，培养独立思考和合作交流的能力。

通过小组合作学习、同伴教学和问题导向学习三种互动与合作学习的教学策略，教师能够在课堂上促进儿童的相互学习与支持，增强他们的合作能力和问题解决能力。这些策略不仅有助于儿童的认知发展，还能培养他们的社交技能和团队合作精神，为其未来的学习和生活打下坚实的基础。

二、互动与合作学习中的教学活动

(一) 帮助儿童设定合作目标,引导小组活动的有效进行

在互动与合作学习中,教师的首要角色是引导者与组织者。教师需要为儿童设定明确的合作目标,并引导小组活动的顺利开展。作为引导者,教师要确保每个合作学习任务都围绕着具体的学习目标展开,同时尊重儿童的自主性与探索精神。例如,在一次科学探索活动中,教师可以明确合作目标,如"通过观察和实验,了解植物的生长过程。"在活动开始前,教师帮助小组成员分工合作,明确任务与目标,保证每个儿童都知道自己在团队中的责任和任务。

组织工作也包括为合作活动提供结构性指导,帮助小组活动有序进行。教师可以通过设计步骤或提供学习工具,确保活动的有效性和参与性。例如,教师可以准备讨论提纲、任务分配表等,以帮助儿童更好地理解活动流程,并促使他们在合作中互相交流、分享见解。通过引导和组织,教师能确保儿童在合作学习中既能够独立探索,又能够围绕共同的学习目标取得进展。

(二) 在合作学习中,帮助解决儿童之间的冲突与问题

合作学习虽然能促进儿童间的交流与合作,但在互动过程中,难免会出现冲突或问题。此时,教师需要充当协调者与支持者,帮助解决儿童之间的矛盾与分歧,确保合作活动顺利进行。冲突可能源自意见不同、任务分配不均或儿童社交能力不足,教师的角色是在这些情况下进行及时的干预和协调,引导儿童通过沟通解决问题。

作为协调者,教师可以通过示范和引导教会儿童如何有效交流,帮助他们通过讨论和妥协找到解决方案。例如,当儿童在活动中因意见分歧发生争执时,教师可以引导他们表达自己的想法,倾听他人的观点,并在此基础上达成一致。同时,教师应鼓励儿童在冲突中学会尊重他人,培养团队合作精神。此外,作为支持者,教师还应为那些在合作过程中遇到困难的儿童提供帮助,给予情感支持或技能指导,确保每个儿童都能参与并从合作学习中受益。

(三) 通过适当的提示和反馈,鼓励儿童在合作中进行深度思考

教师在互动与合作学习中的另一关键角色是促进者。教师不仅要关注合作过程,还要通过适时的提示和反馈,鼓励儿童进行更深入的思考和反思。作为促进者,教师

可以通过提问或引导，激发儿童对任务的深层次理解，并帮助他们提升问题解决和批判性思维能力。例如，在合作活动中，教师可以通过提问，如"你们为什么选择这种方法？""有没有其他解决方案？"等，引导儿童思考他们的决策过程和任务执行策略。

此外，教师的反馈在合作学习中至关重要。通过及时的正面反馈，教师可以鼓励儿童的努力和创新，并指出需要改进的地方，帮助他们在合作过程中不断提升。例如，当儿童在合作中提出创新的想法时，教师可以给予肯定并进一步探讨这个想法的可行性，帮助儿童深入理解他们的思考过程。教师的反馈不仅可以帮助儿童在活动中及时调整，也能增强他们的自信心，激励他们在合作中持续投入和学习。

综上所述，教师在互动与合作学习中的角色不仅仅是知识的传授者，更是引导者、组织者、协调者、支持者和促进者。通过设定合作目标、解决冲突、提供反馈和引导深度思考，教师能够有效促进儿童在合作学习中的发展，帮助他们在团队中实现知识的建构与社交技能的提升。

三、互动与合作学习的实施挑战

（一）避免活动流于形式，确保每个儿童都有参与机会

在互动与合作学习的实施过程中，有效组织合作活动是一项关键挑战。如果没有合理的规划与引导，合作活动就可能流于形式，无法真正实现学习目标。一个常见的问题是，有些儿童在小组活动中缺乏参与感，可能被动接受他人的意见，而没有机会发表自己的想法。这会导致学习效果不均衡，部分儿童在合作学习中难以获得实际的成长。

为了避免这一问题，教师需要设计清晰的活动结构，确保每个儿童都有参与的机会。可以通过明确的任务分配或角色设定，让每个儿童在活动中承担具体的职责。例如，在一个合作学习项目中，教师可以设定不同的角色，如记录员、发言人、问题解决者等，确保小组成员分工合作，每个人都有参与和贡献的机会。教师还可以通过观察和及时干预，帮助那些在小组中表现较为沉默或被边缘化的儿童，使他们能够更主动地参与到活动中。此外，教师可以通过设定阶段性的小组任务和讨论节点，确保每个儿童在关键时刻都有机会表达自己，避免活动流于形式。

（二）处理儿童间的冲突与差异

在合作学习中，儿童之间的冲突和意见差异是不可避免的。由于每个儿童的个性、能力和经验不同，他们在面对问题和任务时可能会提出不同的意见，导致冲突或不和

谐的互动。这种冲突如果没有得到妥善处理，可能会影响小组的合作效率，甚至让部分儿童产生挫败感或对合作学习失去兴趣。因此，如何管理儿童间的冲突和差异是合作学习中的一大挑战。

教师在面对儿童之间的意见分歧时，首先需要保持中立和耐心，引导儿童通过沟通和讨论解决问题，而不是直接介入和强行干预。教师可以鼓励儿童倾听彼此的观点，尝试理解对方的立场，并提出折中方案或寻求共识。例如，当儿童在选择方案时产生冲突时，教师可以鼓励他们讨论各自方案的优缺点，并引导他们通过投票或合作选择一个最佳方案。这不仅帮助儿童在冲突中学会解决问题的技巧，还增强了他们的沟通和协作能力。

此外，教师需要关注合作中的个人情感状态，尤其是那些在冲突中容易受到影响的儿童。通过及时的情感支持和反馈，教师可以帮助儿童在合作学习中保持积极的参与态度，避免冲突造成负面情绪。

（三）保证合作与个体发展的平衡

合作学习的一个潜在挑战是如何在促进团队合作的同时，保证每个儿童的个性化发展。由于合作学习强调小组目标和团队协作，个别儿童的个性化需求可能会被忽视，尤其是那些在某些方面发展较快或较慢的儿童。在合作过程中，有些儿童可能会因为团队需求而不得不调整自己的发展节奏，失去了个性化学习的机会。

为了解决这一挑战，教师需要在合作学习的设计中保持灵活，既关注团队目标，也为每个儿童提供个性化发展的空间。教师可以通过差异化教学策略，在合作学习中为不同能力水平的儿童提供适当的支持和挑战。例如，可以根据每个儿童的能力和兴趣，设置不同层次的任务，让他们在合作的同时，也能够发挥自身的特长和潜能。此外，教师可以鼓励儿童在合作结束后进行个人反思和总结，帮助他们意识到自己在活动中的收获与成长。这不仅有助于提升他们的自我认知，也能让他们在团队合作中实现个性化成长。

教师还可以通过个别辅导和反馈，进一步支持那些在合作中发展较慢或需要特殊帮助的儿童，确保每个儿童都能在合作学习中得到充分的发展机会。

综上所述，互动与合作学习的实施面临有效组织活动、处理儿童冲突与差异以及平衡个体成长与合作发展等挑战。通过合理的任务分配、积极的冲突管理以及个性化的支持策略，教师能够在合作学习中确保儿童的积极参与、社交能力提升和个性化发展，从而实现合作学习的全面教育目标。

第三节 游戏在教学中的应用

一、不同类型的游戏及其教学价值

（一）角色扮演游戏

角色扮演游戏是一种重要的教学工具，通过模拟现实生活中的角色和情境，儿童能够在游戏中体验不同的身份和行为方式，发展语言表达和社交技能。在角色扮演过程中，儿童通过假扮医生、老师、家长等角色，模拟现实中的社会互动，这不仅帮助他们理解不同角色的责任和行为，还促进了他们的语言发展。为了扮演一个角色，儿童需要通过语言与其他参与者进行沟通，解释情境、表达需求或制定规则，这种语言交流强化了他们的词汇量、表达能力和逻辑思维。

角色扮演游戏还为儿童提供了发展社交技能的机会。通过与其他儿童的合作，儿童学会了分享、交流、妥协和解决冲突。这些游戏让儿童通过模拟社会情境，探索如何与他人建立健康的关系，并提高他们的同理心和合作能力。此外，角色扮演游戏为儿童提供了一个表达情感的安全空间，他们可以通过游戏自由地表达自己的情感，如喜悦、愤怒或困惑等，从而增强情感调节的能力。

（二）结构性游戏

结构性游戏是儿童早期教育中极具价值的学习活动之一，典型的例子如积木搭建、拼图等。这类游戏不仅提供了具体的材料和任务，还通过有形的操作与规则的约束，帮助儿童在探索与实践中提升多方面的能力。结构性游戏对于儿童的空间感知、问题解决能力、逻辑思维以及动手操作能力的发展具有显著的作用。这些游戏通过让儿童在有限的资源和条件下进行创作或解决问题，培养了他们的独立思考能力、规划意识和自我调控能力，成为他们全面发展的重要桥梁。

积木搭建是一项经典的结构性游戏，儿童通过不同形状、大小和重量的积木进行创作和设计，能够显著增强他们的空间想象力和规划能力。在搭建过程中，儿童需要考虑如何合理安排积木的位置，以确保建筑物的稳定性和美观性。这要求他们在视觉上对物体的形状、位置和方向进行预判，并通过实际的操作验证自己的想法。当他们尝试不同的搭建策略并调整积木的排列方式时，他们的逻辑思维和问题解决能力得到了锻炼。积木游戏不仅仅是一种玩具，它实际上为儿童提供了理解物理世界的机会。通过观察重心、平衡和结构的关系，儿童逐渐掌握了物体之间相互作用的规律，从而在现实世界中学会解决类似的问题。

积木搭建还可以培养儿童的耐心和专注力。搭建过程往往需要多次尝试和修改，儿童在搭建复杂结构时可能会面临积木倒塌的挑战。然而，正是这种反复地尝试与失败，让儿童逐渐学会坚持与调整思路，帮助他们在面对挑战时变得更加灵活和坚韧。在克服搭建难题的过程中，他们获得了成就感和自信心，这对于他们未来的学习和生活中应对复杂问题具有深远的影响。

拼图游戏是另一类典型的结构性游戏，能够帮助儿童发展细致的观察能力、耐心和视觉辨识能力。在拼图过程中，儿童需要将不同形状和颜色的碎片逐一识别，并尝试将它们拼合成一个完整的图像。这种过程要求他们高度集中注意力，分析每个拼图块的独特特征，如边缘、角度和色彩，并通过排除法找到正确的位置。这不仅增强了儿童的手眼协调能力，还培养了他们的视觉分析和判断能力。拼图游戏不仅考验了儿童的空间理解力，还需要他们具备整体与局部的转换思维，能够通过对局部细节的分析，逐步形成对整体图像的理解。

拼图的成功完成并不容易，它往往需要时间和耐心，这对儿童来说是一个重要的挑战。在拼图的过程中，儿童可能会经历挫折，当他们无法找到合适的拼图块时，他们不得不调整自己的策略，重新审视整个拼图的布局。这种反复的调整过程帮助他们学会灵活思考，培养了他们解决问题时的耐性和应变能力。同时，拼图游戏的成就感也是一种重要的学习动力，当儿童通过自己的努力完成拼图时，他们会感受到极大的满足感，从而激励他们继续挑战更高难度的任务。

结构性游戏不仅能提升儿童的认知和问题解决能力，还在社交互动中发挥了积极作用。许多结构性游戏可以通过小组合作的方式进行，这为儿童提供了与他人分享想法、共同完成任务的机会。例如，几个儿童可以合作搭建一个大型的积木城堡或拼一幅复杂的拼图，这需要他们在活动过程中进行沟通、分工与合作。在这样的互动中，儿童不仅学会了如何表达自己的意见，还学会了倾听他人的建议，并通过协作共同解决问题。这种合作学习的过程，不仅增强了他们的社交能力，也帮助他们理解了团队合作的意义。

此外，结构性游戏对儿童的认知发展有着深远的教学价值。通过这些游戏，儿童在面对复杂任务时学会了如何分析问题、制定策略，并找到有效的解决方案。他们不仅获得了逻辑推理的基本能力，还学会了如何在失败中调整思路、积累经验。结构性游戏通过对儿童的思维挑战，鼓励他们反复尝试不同的策略和方法，在遇到问题时学会灵活应对。这对于儿童的未来学习，特别是在解决开放性问题和面对不确定性时，具有重要的启发作用。

综上所述，结构性游戏如积木搭建和拼图，不仅为儿童提供了富有趣味的娱乐方式，更通过具体的操作和思维挑战，全面提升了他们的空间感知、逻辑思维和问题解决能力。这类游戏让儿童在动手操作中主动思考、探索解决方案，同时发展了耐心、专注力和合作精神。通过结构性游戏的引导，儿童能够在自主学习和探索中积累丰富的认知经验，为未来更复杂的学习任务打下坚实的基础。

（三）户外游戏

户外游戏是促进儿童身体运动技能发展和培养团队合作精神的有效途径之一。在户外游戏中，儿童通过跑、跳、攀爬、投掷等多样化的身体活动，全面锻炼增强运动技能，并增强身体的协调性、灵活性和体力。例如，跳绳和踢球等活动有助于提升儿童的平衡能力、肌肉力量和耐力；而使用攀爬架、滑梯等户外设施，能够帮助儿童克服对高处和高速的恐惧，鼓励他们在挑战中培养勇敢和冒险精神。这些运动技能的锻炼，不仅能增强儿童的身体素质，还能提升他们对身体动作的控制能力，使其更加敏捷、灵活。

户外游戏的教育价值不仅体现在身体发展上，还为儿童提供了丰富的社交互动机会。在许多户外游戏中，如团队赛跑、接力比赛或群体对抗类游戏，儿童需要分工合作、共同完成任务。这样的互动不仅有助于提高他们的合作能力，也增强了集体意识和责任感。在这些游戏中，儿童学习如何与他人有效合作，如何分配任务，如何分享资源并遵守游戏规则。这些社会技能的培养，对于他们未来的社交生活能力、团队合作能力和集体责任感的发展具有深远的影响。

团队合作精神在户外游戏中尤为突出。为了赢得一场接力赛跑或成功完成一场团队游戏，儿童必须学会沟通、协调和互相支持。他们通过这种互动，不仅认识到集体力量的重要性，还学会了如何在团队中承担责任，尊重他人的贡献和想法。同时，户外游戏也为儿童提供了一个练习解决冲突和处理问题的机会。在游戏中，难免会出现争论或意见分歧，儿童在解决这些问题的过程中，逐步学会了如何协商、妥协，并寻找共同的解决办法。这些经验有助于他们在未来的社交互动中更加自信和成熟地处理人际关系。

此外，户外游戏所提供的自然环境还对儿童的心理发展产生了积极的影响。户外游戏充满了探索性和冒险性，儿童可以在自然环境中自由探索，接触不同的植物、动物和自然现象，激发他们的好奇心和求知欲。比如，儿童在草地上发现昆虫，或者在沙坑中创造出不同的建筑形态，这些探索性活动不仅满足了他们的求知欲望，还能培养他们对自然的兴趣和责任感。这种户外探索的体验，不仅帮助儿童理解自然界的基本规律，还能够通过与自然的接触，促进他们的心理健康，缓解压力，增强情感调节能力。

户外游戏的另一大优势在于它能够培养儿童的冒险精神和勇气。通过攀爬架、滑梯或越野跑道等充满挑战性的活动，儿童可以在安全的环境中尝试新事物，克服对未知的恐惧。这样的体验帮助儿童培养坚韧不拔的精神和面对挑战的勇气，使他们在未来的学习和生活中更加自信和果敢。这种冒险精神的培养，不仅体现在身体运动中，也延展到儿童的认知发展和个性塑造中，促使他们在遇到困难时勇于尝试、敢于创新。

综上所述，户外游戏在儿童的身体、社交和心理发展中起到了不可替代的作用。通过跑跳、攀爬等身体活动，户外游戏有助于提升儿童的运动能力和身体素质；通过团队合作与社交互动，户外游戏培养了儿童的合作精神、集体意识和社交技巧；通过探索自然和面对挑战，户外游戏还激发了儿童的好奇心、冒险精神，并促进了他们的心理发展。不同类型的游戏在儿童的全面发展中具有独特的教育价值。

二、将游戏融入课程设计

（一）将学习目标与游戏活动结合，通过游戏激发儿童的学习兴趣

游戏化教学是一种有效的方法，将学习目标融入游戏活动中，能够激发儿童的学习兴趣并让他们在轻松的环境中进行学习。在游戏化教学中，教师将学习内容通过游戏的方式呈现，转变传统的被动学习为主动探索。通过这种方式，儿童更容易投入学习中，因为游戏的趣味性和互动性让学习变得更加生动有趣。例如，在学习颜色的课程中，教师可以设计一个"颜色狩猎"游戏，让儿童在教室中寻找不同颜色的物体，孩子们在游戏中不仅能快速识别颜色，还能通过竞争或合作体验到参与的乐趣。

游戏化教学的一个关键点在于，游戏不仅仅是娱乐，而是通过巧妙的设计，将学习目标自然融入其中。教师需要在课程设计时明确学习目标，并确保游戏活动的内容能够有效引导儿童实现这些目标。例如，教师可以设计一场"词汇寻宝"活动，鼓励儿童在寻找过程中学习和识记新单词，或者通过角色扮演游戏来增强儿童的语言表达

能力和理解能力。通过游戏化的教学方法，儿童不仅在快乐的氛围中学习，还能通过自主探索和互动巩固所学内容。

（二）将数学、语言等学科知识融入游戏场景，增加趣味性

将游戏融入具体的学科教学，如数学和语言学习，不仅能够增加趣味性，还能有效提升学习效果。通过将复杂或抽象的学科知识与游戏场景结合，儿童能够更直观地理解和应用知识。例如，在数学教学中，教师可以利用积木或骰子等材料，让儿童在玩耍中学习数数、加减法和形状分类。这种动手操作和实际情境的结合，可以帮助儿童更好地掌握数学概念，并通过重复的游戏活动巩固所学内容。

在语言教学中，教师可以通过"词汇记忆游戏"或"角色扮演对话"来帮助儿童学习新词汇和句子结构。例如，教师可以设计一个以"动物园"为主题的角色扮演活动，让儿童扮演不同的动物，并通过对话或问题回答来学习相关的词汇和句型。通过这样的互动，儿童不仅能够加深对词汇和语法的理解，还能在游戏中增强自信心和语言表达能力。这种游戏化的学科教学不仅能让儿童在实际情境中应用知识，还能通过愉快的游戏体验提升他们的学习动机和参与感。

（三）引导儿童在游戏结束后进行讨论和总结，深化学习内容

游戏后的反思与总结是确保游戏融入课程设计的重要步骤。游戏本身能够激发儿童的学习兴趣，但通过反思与讨论，儿童能够更深入地理解游戏中的学习内容，并将其内化为持久的知识和技能。教师可以在游戏结束后引导儿童进行集体讨论，让他们分享在游戏中的发现、挑战和收获。例如，在完成一个合作搭建的积木活动后，教师可以提问："你们是如何合作完成的？""在这个过程中学到了什么？"这样的问题能够引导儿童回顾他们在游戏中学到的知识，并促进他们的逻辑思维和表达能力。

此外，通过反思与总结，儿童可以更加清楚地理解游戏与学习目标之间的联系。教师可以帮助儿童从游戏情境中提取学科知识或技能，巩固学习效果。例如，在数学游戏后，教师可以提问："你是如何计算出正确答案的？"通过这样的反思，儿童不仅能够理解游戏中的策略，还能将这些思维方式应用到其他学习任务中。

总结还可以帮助儿童增强解决问题的能力。教师可以引导儿童思考在游戏中遇到的困难，并鼓励他们讨论可能的解决方案。这个过程可以让儿童在未来的学习中更加自信和独立。通过反思与总结，游戏不仅仅是一次短暂的活动，而且成为儿童深度学习和技能发展的关键环节。

综上所述，将游戏融入课程设计不仅能通过游戏化教学激发儿童的学习兴趣，还能通过具体学科应用增强儿童对知识的理解与实践。游戏后的反思与总结则能够深化学习效果，帮助儿童内化所学内容。通过这种整体的游戏学习模式，教师能够创造一个更富有活力的学习环境，让儿童在愉快的体验中获得全面的发展。

三、游戏教学的优势与挑战

（一）优势：增强学习的趣味性，激发儿童的内在学习动机

游戏教学的最大优势在于它能够显著增强学习的趣味性，进而激发儿童的内在学习动机。儿童天生对玩耍充满兴趣，通过将学习内容融入游戏活动，教师可以有效地调动儿童的积极性。游戏提供了一个轻松愉快的环境，让儿童在不知不觉中参与到学习中。例如，角色扮演、探险游戏或建构性游戏，都能够让儿童在享受游戏的过程中自然地学习新知识和技能。游戏不仅能够减轻儿童对传统学习任务的压力，还能通过即时反馈和成就感激励他们继续探索和学习。

此外，游戏可以满足儿童的好奇心和探索欲，通过互动和体验，儿童能够更加主动地参与学习。与被动接受知识不同，游戏教学让儿童在自主探索中发现问题、解决问题，培养了他们的创造力和独立思考能力。通过游戏，学习变得充满乐趣和挑战，儿童的学习动机不再仅仅来自外部奖励，而是源于内在的满足感和成就感，这种内在动机的激发对于长期的学习习惯养成至关重要。

（二）挑战：确保游戏不仅是娱乐，也具备教育意义

尽管游戏教学在激发儿童兴趣方面有着显著优势，但如何确保游戏活动与教学目标有机结合，避免游戏变成单纯的娱乐，这是教师面临的一个重要挑战。游戏本身可能是开放性和非结构化的，而教学目标往往是具体且明确的。教师需要找到一种平衡，使游戏既具备趣味性，又能传递特定的教育内容。

为了应对这一挑战，教师在设计游戏时必须明确游戏的学习目标，并确保每一个游戏环节都能够帮助儿童实现这些目标。例如，在设计一项数学游戏时，教师不仅要考虑如何让游戏吸引儿童，还要确保游戏的核心内容能够帮助儿童掌握基本的数学概念或运算技巧。此外，教师还需要在游戏进行过程中适时介入，提醒儿童关注学习内容，防止他们偏离学习目标。

另一个挑战是在保持游戏自由度和趣味性的同时，确保其教育性。有些游戏可能

过于注重规则和结构，失去了灵活性和创造性，进而影响了儿童的自主探索。因此，教师需要设计灵活的游戏结构，让儿童在完成游戏任务的同时，享有一定的自主权和创新空间。只有将娱乐与教育紧密结合，游戏教学才能真正发挥其双重作用。

（三）教师在游戏中的角色

在游戏教学中，教师的角色尤为关键。教师既需要在游戏中为儿童提供足够的自主空间，让他们自由探索，又需要在必要时适时给予引导，确保游戏活动朝着正确的学习方向发展。教师需要敏锐地观察游戏过程，判断何时应该介入，何时应该退后观察，避免过度干预儿童的自主学习。

保持儿童的自主性意味着教师不能完全控制游戏的每个环节，而是要为儿童提供一个自主学习的环境。在游戏过程中，儿童应该有机会自行做出决策、解决问题和承担责任。例如，教师可以设定初始情境，但让儿童自由决定角色的发展和互动方式。这种自由不仅能够培养儿童的创造力和独立性，还能增强他们的自信心和问题解决能力。

然而，教师的引导也是必不可少的。当儿童在游戏中遇到困惑或偏离学习目标时，教师需要适时介入，提供提示或建议。例如，当儿童在合作游戏中遇到冲突时，教师可以通过引导他们讨论和解决问题，促进社交技能的发展。教师的引导应该是非强制性的，而是通过提问、示范或暗示，让儿童在自主探索中获得学习的支持。

综上所述，游戏教学的优势在于其趣味性和对儿童内在动机的激发，但在实施中，教师需要应对如何将游戏与教育目标结合的挑战，同时在儿童的自主性与适时引导之间找到平衡。通过灵活设计游戏内容并恰当地扮演引导者角色，教师可以使游戏教学成为一种有效的教育工具，帮助儿童在轻松愉快的环境中实现全面发展。

第四节　科技在学前教育教学中的应用

一、科技在学前教育中的应用现状

（一）数字化教学工具的兴起

随着科技的快速发展，数字化教学工具在学前教育中得到了广泛应用。教育类APP、电子白板和智能玩具等新兴技术正在改变传统的教学方式，为儿童提供更加互动和个性化的学习体验。

教育类 APP 专为学龄前儿童设计，通常具有丰富的多媒体内容和互动功能，帮助儿童在游戏中学习基础的语言、数学、科学等知识。这类 APP 的特点是操作简便，内容生动有趣，能够吸引儿童的注意力，让他们在轻松愉快的环境中掌握新知识。例如，APP 可以通过虚拟拼图、数字游戏等形式，帮助儿童在解决问题的过程中培养逻辑思维和手眼协调能力。

电子白板作为另一种数字化工具，也在幼儿园教学中越来越普及。电子白板能够将教师的教学内容以图文并茂、音效结合的方式展示出来，让儿童在视觉和听觉上得到更多的刺激。这种多感官互动的方式能够提高儿童的学习效率和兴趣。例如，教师可以在电子白板上进行即时操作，展示动态内容，或者让儿童通过触控直接参与到课堂互动中，这种体验极大地增强了他们的参与感。

智能玩具作为科技与传统玩具的结合，进一步丰富了儿童的学习方式。通过嵌入人工智能和感应技术，智能玩具能够与儿童进行互动、回应指令，并根据儿童的反馈调整学习内容。这样的玩具不仅激发了儿童的好奇心和创造力，还提供了个性化的学习体验，能够帮助儿童在娱乐中学习数学、语言、编程等基础技能。

（二）科技在早期儿童教育中的逐渐普及

科技在早期儿童教育中的普及，不仅体现在幼儿园的课堂教学中，家庭也成了一个重要的科技学习环境。许多家庭已经开始借助智能设备和教育应用来支持儿童的早期学习。家长们可以通过下载教育类 APP、使用智能玩具等方式，在家中为儿童提供一个丰富的学习环境。例如，家庭可以借助语言学习类 APP，帮助儿童在日常生活中逐步积累词汇和语言表达能力；通过使用早教机器人，儿童能够与机器人进行简单对话，学习基础知识的同时，增强互动体验。

与此同时，幼儿园也在不断探索如何将科技融入日常教学。除了日常使用的电子白板和 APP，幼儿园还通过引入虚拟现实（VR）技术、增强现实（AR）技术等新的数字化手段，带领儿童进行沉浸式学习体验。通过这些先进的技术，教师能够为儿童提供更多现实生活中无法获得的学习资源。例如，VR 技术可以让儿童"游览"世界各地的名胜古迹，学习不同的文化背景和历史知识；AR 技术则可以在现实环境中叠加虚拟内容，让儿童更直观地理解自然科学中的抽象概念。

科技在家庭和幼儿园中的普及不仅扩展了儿童的学习渠道，还打破了传统教学中时间和空间的限制。儿童能够随时随地进行学习，通过科技获取更多的学习资源。这一趋势还促使家庭和幼儿园之间的合作更加紧密，家长可以通过科技手段了解儿童在幼儿园的学习进度，并与教师进行实时沟通，形成家校合作共育的良性机制。

综上所述，随着教育类 APP、电子白板、智能玩具等数字化教学工具的兴起，科技在学前教育中的应用已经成为现代教育的一个重要组成部分。无论是在家庭还是幼儿园，科技的普及都为儿童提供了丰富的学习资源和互动体验，帮助他们在游戏中学习、在探索中成长。通过合理利用科技，学前教育能够为儿童的认知、社交、情感和身体发展提供更加多样化和个性化的支持。

二、科技在教学中的具体应用

（一）在线学习资源

在线学习资源是科技在学前教育教学中的一种重要应用。通过儿童教育平台或 APP，教师可以为儿童提供丰富的学习内容，帮助他们在课堂内外进行互动式学习。这些在线资源通常涵盖多个学科领域，包括语言、数学、科学、艺术等，设计得生动有趣，能够吸引儿童的注意力和学习兴趣。

在线学习平台允许教师根据课程需要选择不同的教学资源，并通过游戏、视频、动画等多种方式呈现学习内容。例如，教师可以使用教育 APP 中的虚拟绘本和故事，让儿童通过阅读和互动来学习新词汇和故事情节。通过触摸屏幕，儿童可以参与到故事情境中，点击人物或物体来听取音效或额外信息，增强他们的语言能力和阅读理解。此外，在线学习资源通常配备互动性很强的练习题和游戏环节，儿童通过完成这些任务，能够即时获得反馈，这样不仅能保持他们的学习兴趣，还能帮助他们巩固知识。

家庭也能通过这些平台或 APP 与幼儿园的课程保持同步，家长可以在家中辅导儿童的学习，进一步延伸课堂内容。在线学习资源通过其便捷性和多样性，为学前教育提供了新的可能性，儿童可以在任何时间、任何地点进行学习，打破了传统教学的时空限制。

（二）智能玩具与编程教学

智能玩具与编程教学是科技在学前教育中日益重要的应用领域。智能玩具，如教育机器人、编程积木等，通过将编程和游戏结合，帮助儿童发展逻辑思维和动手能力。在幼儿园，教师可以利用这些科技工具让儿童通过游戏和实际操作学习编程的基本概念，如顺序、循环和条件判断等。

编程教学不仅可以培养儿童的逻辑思维，还能通过任务设置锻炼他们的解决问题能力。例如，儿童通过编写简单的程序，控制机器人完成任务，如移动、避障或发出声音，这个过程不仅让他们体验到了科技的乐趣，还帮助他们理解因果关系和基本的编程逻辑。智能玩具的互动性使得儿童能够在探索中不断尝试和改进自己的策略，从而培养他们的创新精神和团队合作能力。

这些工具的设计通常非常直观，适合学前阶段的儿童。例如，编程积木采用模块化的编程语言，儿童只需通过排列不同颜色的积木模块，就能编写出控制机器人的指令。这种编程方式降低了学习编程的门槛，让儿童通过实际操作感受科技的魅力，同时也增强了他们的动手能力和创造力。智能玩具和编程工具为学前教育提供了更多的探索空间，让儿童在游戏中体验和掌握科技技能，为他们将来的学习打下良好的基础。

（三）虚拟现实与增强现实（VR/AR）

虚拟现实（VR）与增强现实（AR）技术的引入，为学前教育教学带来了全新的体验方式。通过沉浸式体验，VR/AR技术能够帮助儿童更直观地理解复杂的概念和知识，特别是在传统教学难以呈现的内容上，这些技术发挥了巨大的作用。

例如，在自然科学课上，教师可以通过VR技术让儿童"进入"太阳系，近距离观察行星的运行轨迹，感受宇宙的广袤与神秘。通过这种互动的方式，儿童能够以第一人称视角体验到科学课本中抽象的知识，增强他们的学习兴趣和理解力。VR技术不仅能让儿童感知世界的奥秘，还能帮助他们在视觉、听觉、运动感知等多感官的体验中加深对学习内容的记忆。

增强现实（AR）技术也广泛应用于学前教育中。例如，AR绘本可以通过移动设备扫描，将平面的书页内容变成三维的动态场景，儿童可以通过触摸屏幕与虚拟角色互动，从而获得更立体的阅读体验。这种技术将学习过程变得更生动有趣，同时帮助儿童更好地理解复杂的抽象概念。AR技术还可以应用于艺术和科学领域，儿童可以在平板电脑上"构建"立体模型，或通过AR眼镜观察微观世界，激发他们的好奇心和探索欲望。

通过VR/AR技术的应用，教师能够为儿童创造更加身临其境的学习环境，帮助他们在沉浸式体验中掌握知识。无论是探索自然科学，还是理解抽象的概念，这些技术为儿童提供了前所未有的学习方式，拓展了学前教育的教学边界。

综上所述，科技在学前教育中的具体应用，通过在线学习资源、智能玩具与编程教学、虚拟现实与增强现实技术，为儿童提供了丰富的互动学习体验。这些科技工具不仅使学习更加生动有趣，还能够帮助儿童培养逻辑思维、动手能力和解决问题的能力，让他们在游戏和沉浸式体验中全面发展。

三、科技在学前教育中的优点与局限性

（一）优点：科技丰富了教育资源，增加了互动性与个性化学习的机会

科技在学前教育中的应用极大地丰富了教育资源，带来了新的教学方式和多样化的学习体验。通过教育类APP、电子白板、智能玩具等数字化工具，儿童可以接触到大量有趣且富有互动性的内容，从而在学习中获得更高的参与感。科技工具能够通过动画、声音和图像等多种形式将复杂的知识形象化，让儿童更容易理解。例如，使用电子白板，教师可以通过动态演示数学或自然科学知识，使得抽象概念变得更加直观和具体，从而提升儿童的学习效果。

此外，科技还为个性化学习提供了更多机会。每个儿童的学习能力、兴趣和发展速度各不相同，数字化教学工具可以根据儿童的具体需求进行调整。例如，教育类APP能够根据儿童的学习进度和反馈，自适应调整学习难度，提供符合其当前水平的学习内容。这样的个性化学习不仅能够帮助儿童更好地掌握知识，还能够增强他们的自信心和学习动机。同时，智能玩具和编程工具也允许儿童通过自主探索学习新技能，这种自定进度的学习方式不仅适合天赋不同的儿童，还能够有效激发他们的创造力和自主学习能力。

科技还为教师提供了更丰富的教学资源和工具，帮助他们设计更加多样化的课程。例如，虚拟现实（VR）和增强现实（AR）技术可以将传统课堂变成沉浸式体验，激发儿童的学习兴趣并加深其理解。通过科技，学前教育的教学方法变得更加灵活和丰富，不仅提升了学习效果，还为教师和学生创造了更多的互动机会。

（二）局限性：过度依赖技术可能影响儿童的社交互动与实际操作能力

尽管科技在学前教育中带来了诸多好处，但其局限性也不可忽视。首先，过度依赖技术可能对儿童的社交互动能力产生不利影响。学前阶段是儿童发展社交技能的关键时期，他们需要通过面对面的互动学习如何与他人沟通、合作和解决冲突。如果教学过度依赖科技工具，特别是那些单一的屏幕互动方式，可能导致儿童减少与同伴的直接交流，影响他们的社交发展。长期依赖科技可能会削弱儿童的团队合作和社交技巧，这些能力对他们未来的学校生活和社会交往至关重要。

其次，过多的屏幕时间也是一个值得关注的问题。虽然许多教育类 APP 和数字工具设计得十分有趣，但过度使用可能影响儿童的身体健康和注意力发展。长时间盯着屏幕不仅会对儿童的视力产生负面影响，还可能导致他们注意力的分散和持续专注能力的下降。此外，屏幕上的互动虽然能够刺激儿童的学习兴趣，但这些互动大多基于虚拟环境，缺乏实际的动手操作体验。学前教育强调实践性和动手能力的发展，如果科技使用过多，儿童可能无法通过实际操作获得必要的手眼协调和动手能力的发展。

为应对这些局限性，控制儿童的屏幕时间是必要的。教师和家长需要在科技的应用中保持平衡，确保儿童有充足的时间进行实际的游戏、手工和户外活动。科技工具应该作为教学的补充，而不是完全替代传统的互动方式。教师可以将科技与其他教学方法结合使用，确保儿童既能够享受到科技带来的个性化学习优势，又能通过实际操作和同伴互动获得全面发展。

综上所述，科技在学前教育中的应用带来了丰富的教育资源和个性化学习机会，使得教学更加灵活和互动。然而，过度依赖科技可能影响儿童的社交互动和实际操作能力，控制屏幕时间也成为一个重要的问题。因此，教师和家长在使用科技工具时需要保持平衡，合理安排科技工具与传统教学方法的结合，确保儿童在认知、社交、情感和身体发展中都能获得全面的成长。

四、科技应用中的教师角色与责任

（一）教师作为技术使用的引导者

在科技逐渐融入学前教育的背景下，教师的角色不仅是知识的传授者，更是科技使用的引导者。教师在选择适合的科技工具时，需要根据教育目标、儿童的年龄阶段和发展水平进行筛选。不同的科技工具适用于不同的学习内容和情境，教师必须根据实际教学需求选择那些能够帮助儿童更好地理解学习内容、增强学习效果的工具。例如，教育类 APP 和电子白板可以用于课堂上的互动学习，而智能玩具和编程工具则更适合发展儿童的逻辑思维和动手能力。

教师的责任还在于合理使用这些科技工具，避免因过度依赖技术而使教学活动失去平衡。科技应该为教学服务，而不是主导整个教学过程。因此，教师应确保科技工具在学习活动中发挥补充作用，避免让儿童过长时间依赖屏幕或被科技活动所主导。通过合理分配科技工具的使用时间和内容，教师可以为儿童提供既有趣又富有教育意义的学习体验。例如，教师可以在一节课中使用电子白板进行知识展示，但接下来安排实际的手工或合作活动，确保儿童在不同的学习模式中获得全面发展。

（二）平衡科技与传统教学方式

科技的引入为学前教育带来了丰富的资源和互动方式，但传统教学方法依然在儿童的发展中起到不可替代的作用。教师需要在科技辅助教学方式与传统教学方式之间找到适合的平衡。科技能够使学习内容更加生动、互动，但传统的教学方法如面对面的交流、实际操作、团队合作等，依然是培养儿童社交技能、动手能力和情感发展的关键。因此，教师的任务是将科技与传统教学结合起来，确保两者相互补充，而不是彼此替代。

例如，在学习数字和数学概念时，教师可以先使用教育类 APP 通过游戏或动画帮助儿童理解基本概念，但随后通过动手搭积木、数数或团队合作活动来巩固这些知识。这样，儿童既能在科技的帮助下快速掌握基础知识，又能通过动手操作加深对概念的理解。教师还可以设计一些与现实生活相关的活动，让儿童运用在科技学习中获得的技能和知识。例如，在一堂编程类课程结束后，教师可以让儿童通过实际搭建和操作机器人，亲身体验科技在现实中的应用。

（三）科技素养提升

在科技快速发展的时代，教师需要不断提升自身的科技素养，以适应教育环境的变化，并更好地引导儿童的科技学习。科技工具和教育技术不断更新，教师如果停留在过去的教学方法上，可能无法有效地利用这些工具。因此，教师必须积极学习新技术，了解各种科技工具的教育功能和潜在优势，以便在教学中灵活运用。

例如，教师需要熟悉教育类 APP 的操作和教学设置，了解智能玩具或编程工具的使用技巧，并学会如何结合这些科技手段设计互动性强的课程。教师可以通过专业培训、参加教育技术研讨会、阅读相关文献或进行同事间的经验分享，不断更新自己的科技知识库。同时，教师还需要掌握基本的故障处理和技术维护能力，确保科技工具能够顺利运行，避免在教学过程中出现不必要的技术障碍。

提高科技素养还要求教师具备批判性思维能力，能够评估不同科技工具的教育效果，并根据实际教学需求做出合理的选择。例如，教师在面对海量的教育 APP 或智能工具时，需要通过分析它们的功能、适用年龄、教学目标等方面做出有针对性的决策，选择最能服务于儿童发展的科技手段。此外，教师还应具备对科技使用的伦理意识，确保科技使用过程符合儿童的身心发展规律，避免因过度或不当使用科技而对儿童产生不良影响。

综上所述，在科技逐渐融入学前教育的过程中，教师不仅扮演着技术引导者的角色，还肩负着在科技与传统教学方法间寻找平衡的责任。同时，教师必须不断提升自己的科技素养，掌握最新的教学工具和技术，确保他们能够有效引导儿童在科技支持下获得全面发展。科技在教育中的应用是一个持续发展的领域，教师对于科技的学习与适应同样需要不断进步，以确保他们在教学中能够最大化地发挥科技的潜力。

第五章　学前教育教师的专业发展

随着学前教育的重要性日益凸显，教师不仅需要具备扎实的教育理论基础，还需要在实际教学中灵活运用多样化的教学方法，以促进儿童的全面发展。教师专业发展还包括教师的自我反思与持续学习，如何通过培训、同行交流和教育研究，不断更新教育观念，提升自身的专业能力。

第一节　教师专业素养的提升

一、教师专业素养的内涵

（一）专业知识

教师的专业知识是学前教育专业素养的核心组成部分，涵盖了儿童发展心理学、学前教育理论、课程设计与教学方法等多个领域。具备扎实的专业知识不仅是教师有效开展教学活动的基础，也是促进儿童全面发展的关键。学前教育教师需要具备广泛而深厚的儿童发展理论知识，理解儿童在各个发展阶段的认知、情感、社交和体能等发展特点，从而能够在日常教学中根据儿童的年龄、发展水平和个体差异制定相应的教育策略。根据最新的学前教育政策要求，教师必须掌握儿童发展过程中的重要理论模型，并能够灵活运用于实际教学情境中。

例如，教师需要深入了解皮亚杰的认知发展理论，该理论强调儿童的思维方式在不同年龄阶段存在质的不同。在早期阶段，儿童依赖于感知和操作，随着年龄的增长，他们逐渐发展出逻辑思维和抽象推理能力。因此，学前教育教师必须根据儿童的认知特点，设计适合他们思维水平的教学活动。在幼儿阶段，简单的、直观的操作性学习更为适合，而对于年龄大班的儿童，则可以通过更具挑战性的任务来发展他们的逻辑思维和问题解决能力。同样，维果茨基的社会文化理论也要求教师在教学中充分利用社交互动，通过与同伴和成人的互动，引导儿童进入"最近发展区"，帮助他们在适当的支持下学习超越其当前能力范围的知识和技能。这些理论为教师提供了科学的教学依据，使他们能够有效促进儿童的认知、社交与情感发展。

除了儿童发展理论，教师还需要具备课程设计和教学方法方面的知识，以确保教学活动既符合学前儿童的学习特点，又富有教育意义。课程设计要求教师根据不同的学科内容和学习目标，灵活运用多样化的教学策略，创造适合儿童的学习情境。例如，在语言发展的课程中，教师可以结合游戏化教学方法，通过讲故事、情境对话和角色扮演等方式，帮助儿童逐步提高语言表达和沟通能力。通过这种方式，儿童不仅能够丰富词汇量，还能在愉快的游戏和互动中自然地提升语言运用能力。

在数学和逻辑思维课程中，教师则可以设计富有挑战性的建构活动或数字游戏，帮助儿童在动手实践中学习基础的数理概念，如数数、分类、排序等。在此过程中，教师不仅传授了基础的学科知识，还通过这些活动培养了儿童的空间感知能力、推理能力和问题解决能力。同时，教师应掌握如何通过观察和评估儿童的表现，灵活调整课程内容和活动形式，以确保每个儿童都能在其兴趣范围内获得最大的发展。

专业知识还要求教师具备跨学科的教育视野。在现代学前教育中，综合性学习日益受到重视，教师需要将科学、艺术、语言、社会等学科内容有机结合，设计出多样化的综合性活动。例如，教师可以将自然观察与艺术创作结合起来，通过让儿童绘制植物或动物的图画，既培养了他们的观察能力和动手技能，又引导他们思考自然界的现象。这种跨学科的课程设计，能够帮助儿童在实际情境中运用和整合多学科知识，提升他们的综合能力。

同时，教师还需要持续更新自己的专业知识，了解最新的教育理论和实践方法，以应对不断变化的教育需求和儿童发展趋势。现代教育科技的发展为教师提供了新的工具和资源，教师可以借助数字媒体、互动技术等创新手段，增强教学的趣味性和互动性。例如，通过教育类应用程序或互动白板，教师可以设计更加生动的学习活动，让儿童在参与性强的数字环境中学习知识。

综上所述，学前教育教师的专业知识不仅涵盖了儿童发展理论、课程设计和教学方法，还要求他们具备跨学科的视野和灵活的教学能力。通过掌握和运用这些专业知识，教师能够有效支持儿童的认知、情感、社交和体能发展，设计出既有趣又富有教育意义的教学活动。进一步，教师还需持续学习和反思，以应对教育环境的变化和儿童发展的多样化需求，从而确保他们在教育领域中保持专业领先，为儿童提供最佳的学习机会。

（二）教育技能

专业教师的教育技能不仅体现在他们对学科知识的掌握上，更表现在对课堂的有效管理、教学活动的组织能力以及多样化教学手段的灵活运用上。学前教育阶段的教学具有其独特的需求，课堂环境需要灵活、多样且具备高度互动性，因此教师必须具备出色的课堂管理技能，确保课堂秩序井然的同时，也能够尊重儿童的自由与自主性，创造出一个充满包容和支持的学习环境。

首先，学前教育课堂的有效管理是一项关键技能。由于学前儿童的注意力集中时间相对较短，且自我控制能力尚在发展阶段，教师需要采取灵活的策略保持课堂的秩序。在此过程中，教师不仅要维持儿童的专注度，还要尊重他们的个体差异，确保每个儿童都能感受到自由表达和探索的空间。一个成功的课堂管理策略应包括合理分配活动时间、设计适合儿童身心发展的活动节奏以及为儿童提供足够的自由探索和合作机会。例如，教师可以通过将全班活动、小组合作与个体学习相结合的方式，确保儿童在合作与独立学习之间找到平衡，从而保证每个儿童都能够参与其中并获得成就感。在这种模式下，教师的任务是引导儿童参与有序的互动，同时留出足够的时间让儿童自由选择和探索他们感兴趣的活动领域。

其次，学前教育教师还需要具备较强的教学组织能力。这种能力包括如何为课堂设计和安排丰富多样的教学活动，使其既具备教育性，又能保持儿童的学习兴趣和积极性。教师需要灵活运用多样化的教学手段，如游戏化教学、探究式学习、项目式学习等，以确保不同背景和能力水平的儿童都能从中受益。例如，教师可以将数学学习融入建构游戏中，或者通过自然探索活动来引导儿童学习科学知识。这种跨学科、动手实践的教学方法不仅能够让学习更加生动有趣，还能让儿童通过亲身体验深入理解知识，从而提升他们的学习效果。

多样化教学手段的运用也是教师教育技能的重要体现。在现代学前教育中，单一的教学方式往往难以满足儿童的多样化需求。因此，教师必须根据具体的教学目标和儿童的个体差异，灵活调整教学策略。例如，对于那些动手能力强、对机械结构感兴趣的儿童，教师可以设计以动手操作为核心的建构活动；而对于语言发展较为迟缓的儿童，教师可以通过游戏化教学、讲故事等方式，帮助他们在互动中提升语言表达能力。此外，探究式学习也是一种有效的教学手段，教师可以通过开放性问题和引导性讨论，激发儿童的好奇心和探索精神，使他们在自主学习的过程中发展思维能力和问题解决能力。

为了保证教学的有效性和包容性，教师还需要敏锐地关注儿童的个体差异，并根据这些差异调整教学内容和方式。学前教育政策明确提出，教师必须运用创新的教学方法激发儿童的学习兴趣，并根据每个儿童的学习风格、发展阶段和能力水平提供个性化的支持。例如，教师在教学过程中应为有特殊教育需求的儿童提供额外的帮助和适应性教学策略，确保他们能够充分参与到课堂活动中。这不仅包括对课程内容的调整，还包括对教学方式的适应性调整，确保所有儿童都能够在适合自己的学习节奏下获得发展机会。

此外，教师的教育技能还体现在如何为儿童创造一个鼓励探究和创新的学习环境中。教师需要营造出一种包容和支持的氛围，让儿童在自由探索中感受到安全和支持。当儿童遇到问题时，教师应及时提供指导，但不是直接给予答案，而是通过引导和鼓励儿童独立思考和解决问题。这种教学方式不仅能培养儿童的批判性思维能力，还能增强他们的自信心和自主性，使他们在未来的学习中更加积极主动。

总之，学前教育教师的教育技能体现在多个方面，包括课堂管理、教学组织和多样化教学手段的运用。教师不仅要具备维持课堂秩序的能力，还要能够灵活设计和实施富有趣味的教学活动，以满足不同儿童的学习需求。通过根据儿童的个体差异调整教学策略，教师能够在保证教学效果的同时，促进儿童的全面发展。无论是通过创新的教学方法，还是通过营造支持性的学习环境，教师的教育技能都直接影响着儿童的认知、情感和社交能力的发展。

（三）情感素养

情感素养是学前教育教师不可或缺的重要素质，它不仅影响教师的教学效果，还直接关系到儿童的情感发展、学习体验和整体成长。在学前阶段，儿童的情感发育尚未成熟，他们正处于学习如何表达情感、应对冲突和管理情绪的关键时期。因此，教师不仅需要具备专业知识和教育技能，更需要在教学过程中展现出高度的情感素养——包括耐心、责任心、同理心以及对儿童的深切关怀。

首先，耐心是教师情感素养的重要表现。在学前教育中，儿童的认知能力和自控能力尚处于发展阶段，他们的学习节奏较慢，情绪波动较大，时常表现出注意力不集中、易于分心等特点。教师在与儿童互动时，需要具备高度的耐心，允许他们按照自己的节奏进行探索和学习。当儿童在学习中遇到困难或感到挫败时，教师应当耐心倾听并提供积极的引导，帮助他们逐步克服挑战。这种耐心不仅有助于维持良好的师生关系，还能让儿童感受到支持和理解，从而在学习中建立起自信心和成就感。

　　责任心同样是教师情感素养中的核心要素。学前教育教师肩负着引导儿童成长的责任，不仅要传授知识，更要关心每一个儿童的身心健康和情感发展。教师应当对每一个儿童的需求和情感反应保持高度的敏感性，确保在教学过程中能够根据儿童的个体差异提供个性化的支持和帮助。例如，当某些儿童在课堂活动中表现出对某些任务的焦虑或困惑时，教师有责任主动介入，通过调整教学方式、提供额外的引导或给予鼓励性反馈，帮助他们逐步克服情感障碍。这种责任心不仅体现在对教学活动的精心设计和实施上，还体现在教师对儿童成长的持续关注和陪伴中，确保每个儿童都能够在安全、支持的环境中健康成长。

　　同理心是情感素养中极为重要的一个方面，尤其是在与儿童的互动过程中，教师需要通过同理心理解和感受儿童的情绪和想法。儿童在学前阶段情感敏感，他们的认知和语言能力尚未完全发展，因此往往无法准确表达自己的情感和需求。在这种情况下，教师的同理心至关重要。通过观察儿童的行为和情绪反应，教师可以理解儿童的内在感受，并给予适时的回应。比如，当一个儿童因为与同伴的冲突而感到沮丧时，教师应当以同理心倾听他的困扰，理解他的情感来源，并通过温和的沟通和引导，帮助他找到解决问题的办法。教师的同理心不仅有助于缓解儿童的情感压力，还能够教会他们如何处理复杂的情感和社交问题，逐步发展出健康的情感管理能力。

　　此外，对儿童的爱与关怀是教师情感素养的核心。儿童在学前阶段对安全感和归属感的需求尤为强烈，教师的关怀和关注能够让儿童感受到被接纳和尊重，增强他们的心理安全感。教师通过关怀的态度、温暖的肢体语言和积极的情感互动，能够帮助儿童建立起对成人世界的信任，并为他们创造一个充满支持的学习环境。例如，当儿童遇到挫折或表现出焦虑情绪时，教师的一个温暖的微笑、轻拍肩膀或鼓励的话语，都能够让他们感受到关爱，增强他们的自信心，激发他们重新面对挑战的勇气。这样的关怀不仅促进了儿童的情感发展，还能够增强他们在课堂中的参与感和学习积极性。

　　儿童的身心健康发展被放在了核心位置，教师不仅要关注儿童的学术成长，还应当更加注重他们的情感和社会性发展。通过积极的情感支持和情绪管理，教师能够帮助儿童学会表达、理解和调节情感。特别是在面对情绪波动较大的儿童时，教师需要表现出更多的耐心和同理心，帮助他们在安全的环境中学会如何处理自己的情绪反应。例如，教师可以通过与儿童进行耐心的沟通，帮助他们识别自己的情绪，并通过引导性问题或建议，教会儿童如何在情绪失控时进行自我调节。长期的情感支持不仅有助于提高儿童的情绪管理能力，还能够培养他们的情感智商，使他们在未来的社交和生活中更加从容。

总之，教师的情感素养直接关系到儿童在学前阶段的学习体验和成长。通过展现耐心、责任心、同理心以及对儿童的爱与关怀，教师不仅能够为儿童创造一个安全、支持的学习环境，还能有效促进儿童的情感发展、建立自信心并培养良好的社交技能。教师的情感支持能够让儿童感受到被理解和尊重，增强他们的归属感和安全感，进而在学前教育的各个方面取得积极的成长与进步。

（四）终身学习能力

终身学习能力是现代学前教育教师必须具备的一项重要专业素养，它不仅能帮助教师持续提升自身的专业能力，还能使他们更好地适应和应对日新月异的教育环境。在当今社会，教育技术和理念的快速变化对教师提出了新的要求，教师不能仅仅依赖传统的教育方式和知识，而是必须具备不断学习、不断更新自身知识结构的能力，以应对新出现的教育挑战和需求。因此，学前教育教师需要树立终身学习的意识，保持持续学习的动力，并将学习成果应用到教学实践中，确保他们始终能够为儿童提供高质量的教育支持。

随着教育科技的发展，越来越多的现代技术正在改变传统的教学模式，教师需要掌握和应用这些新工具和新技术，以提升课堂的互动性和有效性。例如，电子白板、教育类APP、虚拟现实（VR）等工具已经逐渐成为课堂上的常见设备，教师需要通过学习这些技术，了解如何将它们与教学目标有效整合，以丰富教学形式、增强儿童的学习体验。通过这些新技术，教师可以更灵活地设计课程内容，使教学更加生动有趣、充满互动性。例如，教师可以利用教育APP进行个性化教学，帮助儿童在游戏化学习中提高语言、数学或逻辑思维能力；通过电子白板，教师可以设计动态互动的教学活动，让儿童在视觉和触觉的参与下更好地理解知识点。这些技术不仅丰富了教学手段，还使得教学过程更具吸引力和包容性，适应了不同儿童的学习需求。

然而，终身学习不仅仅局限于掌握新技术，教师还需要不断更新自己的教育理论和教学方法。学前教育是一个充满变化和创新的领域，新的教育理念、研究成果和政策不断涌现，教师必须保持与教育领域发展的同步，才能确保自己能够提供符合时代需求的教育。政策明确要求教师具备终身学习的意识，鼓励他们通过多种方式持续学习和提升自身。例如，教师可以参加各类培训项目、研讨会和工作坊，不断丰富自己的教育理论知识，了解最前沿的学术研究和教学创新。此外，教师还应定期阅读最新的教育文献、学术期刊和书籍，关注国内外教育领域的最新发展动向，从而为自己的教学实践提供科学的依据和指导。

持续学习还意味着教师需要对自身的教学进行反思和自我评估，发现不足并进行改进。例如，教师可以通过观察课堂的教学效果、记录儿童的学习反应，反思哪些教学策略是有效的，哪些方面还可以进一步优化。教师通过自我反思和同行交流，不断优化和调整教学方法，可以显著提高课堂的效率和质量。此外，通过与其他教育工作者分享教学经验和教学实践，教师能够借鉴他人的成功经验，开阔视野，丰富自己的教学方法，从而更加灵活地应对不同的教学情境。

终身学习能力的另一重要方面是，教师需要能够应对儿童发展的多样化需求。随着社会的不断进步，学前教育的对象也变得更加多元化，教师需要掌握如何为不同背景、文化、能力的儿童提供适当的支持。例如，教师应学习如何在课堂中支持有特殊教育需求的儿童，理解不同文化背景下儿童的学习特点，以及如何通过包容性的教学策略确保每个儿童都能获得充分的发展机会。通过不断学习，教师不仅能够提升自身的专业水平，还能在实际教学中更加灵活和包容，确保每个儿童都能在安全、支持的环境中成长。

此外，终身学习能力还要求教师保持对创新的开放态度，勇于尝试新的教学方式和理念。例如，教师可以探索如何将探究式学习、项目式学习等新型教学理念引入课堂中，鼓励儿童在自主探究和合作中学习知识。这种教学模式强调儿童作为主动学习者的角色，教师需要通过不断学习和实践，掌握如何设计和实施这类教学活动，从而激发儿童的好奇心和学习动力。这不仅提升了课堂的活力，还培养了儿童的批判性思维和创新能力。

总之，终身学习能力是学前教育教师不断适应教育变化、提升专业素养的关键。通过持续更新知识结构，掌握新技术，了解最新的教育理论和研究成果，教师能够更好地应对现代教育环境中的挑战，提升教学的有效性和创新性。终身学习还能够帮助教师保持教学的灵活性和包容性，确保他们能够为有不同背景和需求的儿童提供高质量的教育支持。

二、提升教师专业素养的途径

（一）职前教育与教师资格认证

职前教育是提升学前教育教师专业素养的基础阶段，它通过系统化的学前教育专业学习，为未来教师提供坚实的理论基础和实践技能。在职前教育阶段，教师候选人接受儿童发展心理学、教育学、课程设计和教学方法等方面的专业知识培训，帮助他们理解儿童的认知、情感和社会发展规律。例如，教师在大学课程中学习到的儿童发展理论，能够为其日后的实际教学提供科学依据，确保教学活动符合儿童的年龄特征和发展需求。

此外，教师资格认证是职前教育的核心环节，能够确保教师具备进入教育领域的基本专业素养。通过严格的教师资格认证考试，未来的学前教育教师不仅要展示出扎实的理论知识，还需具备实习经验和课堂教学实践能力。最新政策要求，教师在获得资格认证之前，必须完成特定时长的实习或见习，通过实践检验他们的教学技能和应变能力。职前教育和教师资格认证共同构成了教师进入学前教育领域的第一道门槛，为教师的职业发展打下了坚实的基础。

（二）在职培训与继续教育

在职培训与继续教育是教师职业生涯中提升专业素养的重要途径。随着学前教育理念的不断更新以及教学技术的进步，教师需要通过持续学习来保持与最新教育趋势同步。教育部门和专业机构通常会定期组织进修课程、研讨会和培训班，帮助教师深入学习先进的教学理论、技术应用和管理方法。例如，教育部门可能会提供信息技术在幼儿教学中的应用培训，帮助教师掌握使用电子白板、互动学习软件等新技术，提升课堂的互动性和趣味性。

教师的继续教育是保证学前教育质量的重要措施之一。通过参加这些课程，教师不仅可以更新自己的知识储备，还能够掌握最新的教学工具和方法，使课堂更加适应现代教育的需求。继续教育还可以帮助教师解决实际教学中的问题。例如，教师在日常教学中可能会遇到如何应对特殊需求儿童或管理多样化班级的问题，通过培训班，他们可以学习到更加有效的策略与方法。

（三）专业学习社群与合作学习

加入专业学习社群和开展合作学习是提升教师专业素养的另一重要途径。教师学习共同体提供了一个同行互相交流、分享经验的平台，通过讨论和协作，教师可以反思自身的教学实践，并从他人的经验中获得新的启示。例如，教师可以在学习社群中分享课堂成功案例、探讨教学难题，并共同探寻解决方案。这种互动不仅帮助教师更好地理解教学中的复杂性，还能够拓展他们的思维视角，提升教学反思能力。

政策文件提倡教师通过合作学习增强专业发展，并指出教师之间的互相支持和共同学习有助于形成积极的教学氛围。在合作学习的过程中，教师们可以通过教研组会议、主题研讨等方式，共同探讨教学策略、课程设计、儿童管理等问题，并通过同行反馈进行教学改进。例如，幼儿园可以定期组织教研活动，让教师们分享他们在课程实施中的经验和挑战，彼此借鉴成功的教学方法。

（四）反思与自我提升

教学反思是教师自我提升的重要途径之一，能够帮助教师在实践中不断改进和完善自己的教学方法。通过定期进行反思，教师可以深入审视自己在教学过程中所使用的教学策略、活动设计方式和课堂管理方式，从中总结成功经验并发现存在的问题。例如，教师可以通过教学日志记录每天的教学活动，反思哪些方法有效促进了儿童的参与和学习，哪些方面需要进一步调整。

政策鼓励教师保持终身学习的态度，并通过反思不断优化教学实践。自我评估是反思的重要环节，教师可以通过设定个人专业发展目标，定期对照评价自己的进步情况。这种自我评估可以帮助教师更有针对性地提升某些特定技能，如提高课堂互动质量、增强儿童管理能力等。通过不断反思和自我改进，教师能够在职业生涯中不断提高专业素养，更好地适应儿童的发展需求和教育环境的变化。

综上所述，提升学前教育教师专业素养的途径包括职前教育与教师资格认证、在职培训与继续教育、加入专业学习社群与合作学习以及通过反思实现自我提升。这些途径紧密结合最新政策的要求，确保教师能够不断提高专业能力，适应教育环境的变化，最终为儿童的全面发展提供更加优质的教育服务。

第二节　教师在课程与教学研究中的角色

一、教师作为研究者的角色

（一）反思性实践者

在学前教育中，教师不仅承担着课程实施者的角色，更是课程设计与实践的反思性实践者。根据最新的政策，教师应具备反思性实践能力，即在课程实施过程中，通过观察、记录和分析教学活动，及时反思课程的有效性与不足，提出改进意见。这意味着教师要具备一定的批判性思维能力，能够不断审视自己在教学中的策略、课堂管理、儿童反应等，进而改进课程设计，使其更加符合儿童的实际需求。

反思性实践的核心是教师能够基于具体的教学情境，找到问题并提出解决方法。例如，教师可能在一个游戏化学习过程中发现儿童的参与度不足，经过反思，意识到这可能是游戏规则过于复杂或缺乏儿童兴趣的元素。通过这种反思，教师可以在后续课程中调整游戏活动，以提高儿童的参与度和学习效果。教师的反思不仅应停留在个体层面，还应通过与同事交流、参加教学研讨会等形式，将反思上升为集体智慧，促进整体教育水平的提升。

（二）行动研究者

作为行动研究者，教师不仅要进行日常的教学任务，还需通过行动研究的方法，系统性地探索并验证更有效的教学策略和课程内容。行动研究是教师在具体教学情境中，通过制定研究计划、实施教学行动、收集反馈数据和调整教学策略，逐步推动课程创新和改进的过程。这种研究方法帮助教师在实际教学中找到问题，设计干预措施，并通过实验和观察验证其效果。

例如，教师在实施探究性课程时，可能发现儿童在自主学习中的思维发展并不理想，于是设计了一系列新活动，如问题导向学习或角色扮演活动，并通过一段时间的实践和观察，评估这些调整对儿童认知能力的影响。通过这种行动研究，教师不仅能够提升自身的教学水平，还为学前教育课程改革提供了实践依据。

政策支持教师在教学中进行小规模的行动研究，鼓励他们将教学中的问题转化为研究课题，并通过实证研究寻找解决方案。通过这种教师主导的研究过程，不仅推动了课程设计的不断优化，还提升了教师的专业发展水平。

（三）创新者

教师在学前教育课程中扮演创新者的角色，意味着他们不仅是教育政策和课程标准的执行者，还应当成为课程改革和教学创新的引领者。创新的核心在于教师能够根据儿童的兴趣和需求，设计出具有创造性、灵活性和适应性的课程内容与教学策略。这种创新不局限于现有的教材和教学方法，而是通过结合实际情况与最新的教育理论，设计出能够激发儿童主动性、创造力和思维能力的课程。

例如，在引入新的科技手段时，教师可以结合学前儿童的认知特点，设计基于AR（增强现实）或VR（虚拟现实）技术的学习活动，让儿童在沉浸式体验中学习自然科学或历史文化。这不仅提升了儿童的学习兴趣，还通过互动性强的学习模式增强了儿童的探究精神和合作能力。政策鼓励教师在教学中不断探索新的教学工具与策略，以应对快速变化的教育环境和儿童发展的新需求。

教师的创新精神还体现在课程内容的灵活调整上。例如，教师可以将儿童生活中的实际问题融入课程，通过项目制学习或跨学科教学活动，帮助儿童理解和解决现实问题。这种基于生活的创新教学不仅让课程更加贴近儿童的经验世界，也帮助他们发展综合能力和批判性思维。

综上所述，教师在学前教育课程中的角色不仅是课程的实施者，更是反思性实践者、行动研究者和创新者。通过反思性实践，教师能够在教学中不断改进和优化课程设计；通过行动研究，教师可以在教学中探索更有效的教学方法，推动学前教育课程的发展；通过创新，教师能够设计出符合儿童发展需求的课程内容，促进他们的全面发展。这一角色转变与最新的政策和研究文献密切契合，强调教师应当具备研究与创新能力，在教育实践中不断推动课程的改进与革新。

二、教师参与课程设计与评价

（一）课程开发者

作为课程开发者，教师在学前教育中扮演着关键角色，负责根据儿童的实际需求设计和调整课程内容，确保课程符合儿童的认知、情感和社会发展阶段。最新的学前教育教师应根据儿童的兴趣和发展水平参与课程的本土化设计，而不是仅仅遵循统一的课程框架。教师需要综合考虑儿童在不同年龄段的认知发展特征，设计出既有趣味性又具有教育价值的课程内容。

在实际操作中，教师可以通过日常观察和对儿童兴趣的敏锐捕捉，将课程内容与儿童的生活经验相结合。例如，在季节变化的主题中，教师可以设计与四季相关的活动，如观察植物、讨论天气变化等，帮助儿童理解自然现象与生活的联系。政策文献也指出，教师不仅是课程的执行者，更是课程的创造者，他们的教学实践为课程内容提供了宝贵的现实依据和调整方向。通过教师的参与，课程能够更具灵活性和适应性，确保儿童在不同的发展阶段都能获得适合自己的学习机会。

（二）课程评价者

教师的另一个重要角色是课程评价者。教师通过日常教学的反馈，评估课程实施的效果，并据此在后续课程设计中进行调整。评价的内容不仅仅局限于儿童的学业表现，还应包括他们在情感、社交、语言和身体发展方面的综合表现。教师应根据发展性评价的原则，通过观察、记录儿童的表现，评估课程是否达到了预期的学习目标。

例如，教师可以在课堂活动后，评估儿童的参与度、合作能力和理解情况。若发现某些儿童对某些内容反应冷淡或理解困难，教师可以在课程的设计和实施上进行相应调整。例如，通过增加互动游戏、引入更多直观教具或调整课程节奏，让儿童更好地融入学习过程。

通过课程评价，教师能够不断优化课程设计，使其更符合实际教学情况。政策强调，教师不仅要收集儿童的反馈，还需与家长和其他教育工作者合作，确保评价过程全面且有针对性。例如，教师可以通过家校合作，了解儿童在家庭中的表现，进而调整课程内容，使之与儿童的家庭生活和社会经验紧密结合。

（三）个性化课程调整

儿童的个体差异在学前教育中尤为突出，因此，教师需要在课程实施中根据每个儿童的个性化需求灵活调整课程内容和教学方式。个性化课程调整是教师在实际教学中应用的重要策略，确保每个儿童都能在符合其发展节奏的环境中学习和成长。教师应尊重每个儿童的学习风格、兴趣和发展特点，避免"一刀切"的教学模式。

例如，对于那些语言上发展较为迟缓的儿童，教师可以通过增加小组讨论、个人辅导和更多的语言表达机会，帮助他们在互动中逐步提升语言能力。对于在数学或逻辑思维方面表现突出的儿童，教师可以设计更具挑战性的任务，如复杂的拼图游戏或推理问题，促进他们进一步发展。同时，教师还需要通过观察，发现儿童在情感、行为上的需求，并提供相应的课程调整。例如，对于情绪管理较为困难的儿童，教师可以通过设计情感表达与调节的活动，帮助他们学会识别和表达自己的情感。

个性化课程调整不仅体现在课程内容的差异化设计上，还包括教师对教学方法的灵活使用。教师可以根据不同儿童的学习特点，采用多种教学手段，如游戏化教学、动手操作、角色扮演等，确保所有儿童都能在适合的教学方式中获得最佳学习效果。这种灵活调整课程内容和教学策略的能力，提升了学前教育的包容性与适应性，确保每个儿童都能获得个性化的支持与发展。

综上所述，教师在学前教育课程中不仅是课程的实施者，更是课程开发者、课程评价者以及个性化课程的调适者。通过参与课程设计，教师能够确保课程内容符合儿童的实际发展需求；通过持续的课程评价，教师能够调整教学策略，确保课程的有效性；通过个性化课程调整，教师能够满足不同儿童的学习需求，促进每个儿童的全面发展。这一综合角色与最新政策和文献的要求高度一致，强调教师在学前教育课程中的主导作用，确保课程的灵活性、包容性和针对性。

三、教师与学术研究的结合

（一）教师与研究者的合作

教师与学术研究者的合作是推动学前教育课程改革和创新的重要途径。根据最新的政策导向，学前教育不仅需要理论的支持，更需要基于课堂实践的实证研究，而教师作为第一线的实践者，可以为教育研究者提供宝贵的课堂数据和经验。通过与研究者合作，教师能够直接参与到学前教育的实证研究中，结合具体教学场景，探索儿童认知、情感、社交发展等方面的问题。

例如，教师可以与教育研究机构合作，参与有关儿童游戏化学习的研究项目，记录和分析儿童在不同类型游戏中的表现，为研究提供实践数据。同时，教师的观察和反馈能帮助研究者更好地理解真实教学环境中的挑战与需求，从而使研究更加符合实际教育情境。这种合作可以是双向的——研究者通过教师的实际课堂观察获取数据，教师则通过研究项目获得更具科学性的教学指导和工具，提升自身的专业水平。

教师作为教育实践的执行者，是教育研究中不可忽视的关键参与者。他们在课程开发、儿童行为分析等方面的经验，能为学术研究提供实用的数据支持。通过这种合作，学前教育的理论研究和课程实践能够更加紧密结合，形成理论与实践的良性互动。

（二）实践与理论的双向反馈

学前教育的理论与实践应当形成双向反馈的关系，教师的实践经验不仅是教育理论的重要数据来源，同时也能够通过反思丰富现有的教育理论。通过长期的教学实践，教师积累了大量关于儿童学习模式、课堂管理、课程设计等方面的宝贵经验，这些经验可以帮助研究者修正、补充甚至发展新的理论。例如，教师可能会发现儿童在不同活动中的参与度受某些特定环境因素的影响，这种发现可以为行为发展理论提供新的视角。

与此同时，最新的教育理论也能够反过来指导教师的教学实践。教育研究者在学术研究中总结出的儿童发展规律、课程实施策略、创新教学方法等，能够为教师提供科学依据和教学参考。例如，近年来的研究发现，基于探究式学习的课程设计能够有效提升学前儿童的主动学习能力。通过了解这些理论成果，教师可以在实际教学中尝试设计更多的探究性活动，鼓励儿童自主提出问题、探索解决方案。

教师应当不断更新自身的教育理论储备，通过阅读学术文献、参加教育研讨会等方式，了解最新的研究进展。教师通过应用这些理论，不仅可以丰富课堂教学，还能提升儿童的学习效果和全面发展能力。这种理论与实践的双向反馈机制，使得学前教育处于优化和创新的动态过程中。

综上所述，教师与学术研究的结合是推动学前教育课程改革与发展的重要力量。通过与学术研究者合作，教师能够为教育研究提供宝贵的实践数据，而教育研究的理论成果也能反过来指导教师的课堂实践。通过这种双向反馈，教师的实践经验能够丰富教育理论的发展，而最新的理论进展也能帮助教师更有效地设计和实施课程。政策与文献共同强调，这种互动关系对于提升学前教育的整体质量、推动教育创新具有深远的意义。

第三节　教师与家长合作

一、教师与家长合作的重要性

（一）共同促进儿童发展

教师与家长的合作是学前教育中促进儿童全面发展的关键环节。根据最新的政策和研究，儿童的发展不仅依赖于学校的教育，也深受家庭环境的影响。教师和家长分别在学校和家庭中承担着培养儿童的主要责任，两者的有效合作能够更好地满足儿童的多维发展需求。教师通过课堂教学培养儿童的认知能力、情感调节能力与社交技能，而家长在家庭中为孩子提供情感支持和生活技能的培养。因此，教师和家长的共同参与与支持有助于儿童在学前阶段的认知、情感和社交等各方面的发展。

例如，教师可以通过设计延展到家庭的学习活动，鼓励家长在家中帮助儿童完成简单的任务，如讲故事或进行手工制作。这不仅增强了儿童的认知能力，还促进了亲子之间的情感交流。通过家校合作，儿童在家和学校两个重要成长场所中的学习经验得以协调统一，有助于他们形成更加稳定的心理和情感发展。

（二）教育信息的沟通

教育信息的沟通在教师和家长的合作中起着至关重要的作用。家长和教师各自掌握着儿童在不同环境中的表现，通过定期的信息共享和反馈，双方能够全面了解儿童的成长状态。家长通过观察儿童在家庭中的行为习惯、情感表达和社交能力，积累了宝贵的家庭教育经验；教师则通过课堂观察、活动参与、同伴互动等途径，掌握了儿童在学习、社交和适应能力方面的情况。双方通过沟通，可以更全面地理解儿童的成长需求。

例如，教师可以在家长会或日常沟通中向家长汇报孩子在课堂上的表现，而家长也可以通过分享儿童在家中的行为，帮助教师更好地了解孩子的性格特点与生活习惯。信息沟通不仅限于传统的家长会形式，学校还可以通过线上沟通平台、电话联络和日常反馈记录等形式，确保教师与家长之间的及时沟通。通过信息共享，教师可以根据家庭教育情况调整教学策略，家长则可以根据教师反馈更好地支持孩子的学习与成长，最终形成家校合作的良性循环。

（三）培养家长的教育参与感

教师与家长的合作还可以帮助提高家长对学前教育的理解和参与感。很多家长对学前教育的重要性认识不足，认为幼儿阶段的学习以游戏为主，缺乏系统性。然而，研究和政策均指出，学前教育是儿童未来学习与社会适应的关键时期，家长的积极参与有助于更好地支持儿童的早期发展。

通过家校合作，教师可以向家长介绍学前教育的理念和课程目标，帮助他们理解早期教育对儿童认知、社交和情感发展的深远影响。例如，教师可以组织专题讲座、家长工作坊等活动，向家长展示学前教育如何通过游戏、探究学习和情感教育促进儿童的综合能力发展。家长通过参与这些活动，能够更好地理解教师的教学策略，并在家庭中给予儿童更有效的支持。

政策特别强调家长参与的重要性，建议学校为家长提供更多参与课堂、观察学习过程以及与教师互动的机会。这种合作能够有效提升家长对早期教育的重视程度，增强其在教育中的参与感，从而为儿童创造更加支持性的学习环境。

综上所述，教师与家长的合作对于儿童的全面发展具有重要意义。通过共同促进儿童认知、情感和社交能力的提升，教师与家长可以通过有效的信息共享，更好地理解和支持儿童的成长。此外，家长在教育中的参与感通过合作得以提升，能够为儿童创造更加丰富的学习体验。这种合作方式与最新的教育政策高度一致，确保家校双方共同努力，推动儿童在学前阶段的健康发展。

二、教师与家长合作的方式

（一）家长会与家访

家长会与家访是教师与家长合作的重要途径，它们为加强家校沟通、促进儿童的全面发展提供了不可或缺的平台。通过这两种形式的互动，教师可以与家长建立更加紧密的联系，深入了解儿童在家庭中的表现及家庭对教育的需求，从而实现家庭与学校之间的有效合作，确保儿童在多方面得到支持与引导。

首先，家长会是一种定期、集体性质的交流方式，学校或幼儿园会根据日程安排组织家长会，旨在为家长提供一个了解儿童在学校表现的机会。在家长会上，教师通常会介绍儿童在课堂中的学习进展、社交行为以及发展情况，并通过展示儿童的作品或报告反馈具体的学习成果。家长会不仅是单向的信息传递平台，更是一个双向交流的机会，教师和家长可以在这个过程中分享各自的看法和期待，共同讨论如何优化儿童的成长环境。通过家长会，家长可以了解到儿童在课堂中的表现，以及需要注意的领域，例如某些学科的进步情况、与同伴的互动模式等。同时，教师也能够通过与家长的交流，了解家庭对教育的期望、家长对教学内容的意见和建议，进一步调整和优化教育策略。

家长会不仅是汇报儿童学习和发展的平台，还是家校双方建立互信、共同制定儿童发展计划的重要机会。家长可以借此机会表达他们对儿童教育的关注点和愿望，而教师则能够根据这些反馈，帮助家长更好地参与到儿童的教育中来。通过这种双向互动，家长和教师能够形成一个统一的教育目标和策略，从而为儿童创造更加一致的学习和生活环境。这样，家长不仅成为儿童教育的参与者，更成为支持学校教育的重要伙伴。

与家长会相比，家访是一种更为个性化和深入化的家校合作方式。家访为教师提供了走进儿童家庭的机会，通过亲自观察儿童的家庭生活环境和与家人的互动，教师能够获得更加全面的理解。这种面对面的深入交流，帮助教师更好地了解儿童的生活背景、家庭教育方式、家庭文化氛围以及儿童在家庭中的具体表现。例如，教师可以通过家访了解儿童是否在家里有良好的学习习惯、父母是否对儿童的学业进行支持，以及家庭成员之间的互动模式等。通过观察这些细节，教师能够识别出影响儿童学习和情感发展的因素，并根据实际情况为家庭提供建议，帮助家长优化家庭教育方式。

此外，家访的个性化特点使其成为了解儿童个别需求和挑战的理想方式。通过与家长的深入交流，教师可以更准确地掌握儿童的心理状态和行为状态，特别是那些在学校表现与在家庭中表现不一致的儿童。例如，有些儿童可能在学校表现得内向，但在家里却非常活跃；或者有些儿童在家中表现出情绪不稳定的情况，这可能与家庭环境或家庭关系有一定关联。在这种情况下，教师通过家访能够更加全面地理解儿童的问题，并与家长共同探讨适合的干预策略和教育方案。

家访不仅帮助教师调整课程和教学策略，还能促进教师与家长之间的信任与合作。通过走进家庭，教师向家长传递了积极的合作信号，表明教师愿意在儿童的成长过程中与家长保持紧密联系。这种信任关系的建立，使得家长更加积极主动地参与到儿童的教育过程中，他们在与教师的互动中逐渐认识到自己的教育责任，理解学校教育与家庭教育相结合的重要性。例如，家长在家访中可以分享他们在家庭教育中的困惑与挑战，教师则可以针对这些问题提供实用的建议，帮助家长更好地引导和支持儿童。这种互动，不仅能增强家长对教师工作的信任，也让家长更加愿意与教师合作，共同推动儿童的全面发展。

总体而言，家长会与家访为教师与家长的沟通提供了不同层次的支持。家长会通过集体交流的方式，帮助家长了解儿童在学校的整体表现，并与教师共同制订教育目标和计划。而家访则通过个性化、深入的交流，帮助教师更全面地理解儿童的生活背景和情感需求，进而为儿童提供更具针对性的教育支持。这两种形式的合作，能够有效增进教师与家长之间的信任和理解，使家校双方在儿童教育中形成合力，为儿童的学习与成长提供更加有力的保障。

（二）日常沟通与反馈

日常沟通与反馈是家校合作的核心方式，它不仅为教师和家长搭建了一个随时了解儿童成长动态的桥梁，还有效促进了双方在儿童教育过程中的协作与支持。通过日常的沟通，教师能够及时了解儿童在家庭中的表现，而家长也能迅速获取儿童在学校的学习进展与行为表现，从而更好地配合学校的教育计划。政策明确提倡教师和家长通过多种便捷的渠道保持日常联系，如使用家校联系册、电话、电子邮件、微信群等现代通信工具，以确保儿童的学习和成长进展能够得到持续的关注与支持。

家校联系册是传统而有效的沟通工具之一，教师可以在上面记录儿童的日常学习进度、课堂表现、参与活动的情况等细节。这种书面形式的沟通方式可以帮助教师更有条理地向家长反馈信息，并为家长提供一个可以长期查阅和追踪的记录。教师可以在联系册中简要描述儿童在某一天或一周的表现，例如课堂参与情况、作业完成度、与同伴的互动等，家长则可以通过这些记录了解儿童在学校的具体表现，掌握他们的学业进展和社交情况。联系册还可以作为一个互动平台，家长可以在上面写下对教师的反馈或提出问题，帮助教师更好地调整教学策略。

随着科技的发展，微信群等即时通讯工具也逐渐成为家校沟通的重要途径。这种即时性和便捷性的沟通方式，不仅打破了时间和空间的限制，还大幅提升了家校沟通的效率。例如，教师可以通过微信群分享儿童在课堂活动中的照片或视频，向家长展示他们的学习状态和参与情况。家长也可以通过群组询问与孩子相关的问题，或者向教师报告儿童在家中的学习和情感状态。这种快速的互动不仅能够加强家长对学校生活的了解，还能使家长根据教师的反馈及时采取行动，在家庭中进行相应的教育支持。例如，教师可能在群中提醒家长关注某一阶段儿童的情绪波动或某项课业的进度，家长可以据此在家里为儿童提供更多的情感支持或帮助他们更好地完成作业。

通过日常沟通，教师还能够迅速发现并反馈儿童在情感、学习或社交方面出现的问题。比如，当教师在课堂中注意到某个儿童在与同伴的互动中表现出不安或退缩的迹象，教师可以立即通过电话或微信群向家长反馈这一情况，询问家长是否在家中也观察到了类似的表现。这种及时的沟通使得家长和教师能够共同分析问题的根源，并快速制定解决方案，从而避免问题的进一步恶化。例如，教师和家长可以讨论如何在课堂和家庭中同时提供情感支持，帮助儿童重拾自信，或者制定适合的社交互动策略。

日常沟通不仅帮助教师向家长反馈信息，家长也可以通过这些渠道向教师报告儿童在家庭中的表现，为课堂教学提供有力参考。每个儿童在家庭和学校中的表现可能不尽相同，通过家长的反馈，教师可以更好地了解儿童的整体状态。例如，家长可以向教师汇报儿童在家中的学习习惯、情绪变化以及对某些活动的兴趣，这些信息对教师来说非常宝贵，能够帮助他们在课堂中做出更加个性化的教学调整。例如，如果家长提到儿童在家里对科学实验特别感兴趣，教师可以在学校设计更多动手实践的科学活动，进一步激发儿童的学习兴趣。或者，如果家长报告某个儿童在家中对学习表现出消极情绪，教师可以在课堂上更多关注该儿童的情感状态，提供额外的关怀和支持。

这种日常的、持续的家校沟通，使得家长与教师之间形成了紧密的合作伙伴关系，共同为儿童的成长与学习提供全方位的支持。家长通过教师的反馈，能够及时掌握儿童在学校的动态并采取行动，确保家庭教育与学校教育相协调；而教师也能通过家长的反馈，迅速了解儿童的家庭环境和表现，确保教学内容与儿童的个体需求和家庭背景相匹配。这种双向沟通不仅能够促进儿童的学业进步，还能有效解决儿童在情感和行为方面的困扰，帮助他们在健康、安全的环境中茁壮成长。

总的来说，日常沟通与反馈作为家校合作的重要方式，不仅可以确保家长与教师之间的信息传递畅通无阻，还能帮助双方在儿童的成长过程中建立起高度的信任与合作。通过多种渠道保持日常互动，教师和家长能够在情感、学习、社交等多个方面给予儿童及时的关怀与支持，从而为他们的全面发展提供坚实的保障。

(三) 家长参与课堂活动

家长参与课堂活动是促进家校合作、增强互动性的重要方式。通过让家长直接参与到学前教育的课堂中，不仅能够加深家长对学校教育内容和教学方法的理解，还能为家长提供与儿童共同体验学习的机会，进一步促进亲子关系。学校和幼儿园被鼓励定期组织多种形式的家长参与活动，如开放日、亲子活动、表演等，这种形式的参与能够有效提升家长对学前教育的认识，并为儿童的学习和发展带来积极影响。

家长参与课堂活动的一个重要形式是开放日。在开放日当天，家长可以走进课堂，观察儿童的日常学习和活动，与教师和其他家长进行互动交流。这种直接参与让家长有机会亲眼看到教师如何引导儿童学习、游戏和互动，也能了解学前教育中的一些具体教学策略，如游戏化教学、情境教学等。通过观看和体验，家长能够更加直观地理解学校的教育目标和方法，并学会如何在家庭环境中配合学校，继续支持儿童的学习和成长。开放日还提供了家长与教师面对面沟通的机会，家长可以借此机会向教师提问，了解自己孩子在课堂中的表现和社交互动情况，从而为在家庭中实施个性化的支持奠定基础。

此外，亲子活动是家长参与课堂的另一种富有成效的方式。这类活动通常结合特定的节日或主题展开，例如教师可以在节日或特别主题活动中，邀请家长和孩子们一起进行手工制作、故事表演、游戏互动等。这种活动形式不仅增强了家长与儿童之间的情感连接，还让家长亲身体验了学前教育的教学过程。例如，在手工制作环节，家长与儿童一起动手，参与到从设计到制作的全过程，不仅能够激发儿童的创造力和动手能力，还可以让家长感受到学前教育中如何通过动手实践激发儿童的学习兴趣。这种共同参与的经历使家长不仅成为观察者，更成为活动的积极参与者，从而更深刻地理解教育的核心理念。

家长参与活动还可以包括表演和展示活动。通过组织小型的班级或全校的表演、展示，教师可以邀请家长参与表演筹备过程或作为观众出席。这种活动为家长和儿童提供了合作创作的机会，例如通过角色扮演、情景剧等表演形式，家长可以与儿童一起参与角色设计、服装准备甚至排练。这种形式的活动不仅能够帮助儿童提升社交和表达能力，也让家长亲身感受到学前教育在儿童语言发展、社交技巧培养方面的重要性。对于儿童而言，家长的参与和支持为他们提供了强大的心理动力，增强了他们在表演或展示中的自信心；而对于家长而言，亲眼见证孩子在活动中的表现，也能更加直观地理解孩子的潜力和进步。

家长的课堂参与不仅仅是为了观察和体验，还能够帮助他们更好地理解和承担教育责任。通过亲自参与学校的活动，家长能够更加清晰地意识到家庭教育的重要性，并学会如何将学校教育中的一些理念和方法应用到家庭教育中。家长通过观察教师的教学方法和策略，能够更好地理解如何在家庭环境中引导儿童学习。例如，教师可能会通过故事讲述、角色扮演等方式帮助儿童发展语言表达能力，家长在家中则可以运用相似的方法，通过与孩子进行故事阅读或扮演游戏，进一步巩固课堂中的学习内容。这种家校教育的延续和合作能够有效增强儿童的学习效果，同时也激发了家长参与到教育过程中的热情与责任感。

研究表明，家长参与课堂活动不仅能够提升家长的教育热情，还能够为他们在家庭中更好地支持儿童的学习提供宝贵的实践经验。例如，参与亲子手工活动的家长可能学会如何通过简单的家庭活动提升儿童的动手能力和创造力；观看儿童表演的家长则能够更好地理解如何通过鼓励和支持来增强孩子的自信心和社交能力。此外，家长与教师以及其他家长的互动和交流，还能够帮助家长形成有效的教育网络，分享教育经验和方法，进一步提高家庭教育的质量。

总之，家长参与课堂活动是家校合作中至关重要的一环，不仅让家长直接了解学前教育的教学内容和方法，还能为他们提供与儿童共同体验学习的机会，增进亲子关系。这种参与使家长更加深入地理解儿童的教育需求，并在家庭中延续课堂中的教育理念和方法。通过家长的积极参与，家校合作变得更加紧密，为儿童的全面发展提供了更强有力的支持和保障。

（四）家长教育讲座与培训

家长教育讲座与培训是提升家长教育水平、增强家校合作的重要手段之一。通过定期组织教育讲座和培训，学校和幼儿园能够为家长提供科学、系统的育儿知识，帮助他们更好地理解学前儿童的成长规律和教育需求。现代教育政策明确建议各类学校和幼儿园定期为家长提供这些专业的教育资源，以帮助他们掌握育儿技巧、儿童发展规律以及情感支持方法，确保家庭教育与学校教育能够形成有机的结合与协作。这种形式不仅能够提升家长的育儿能力，还能够增强家长对学前教育理念的理解和认同，从而在家庭中更好地实践和推广这些理念。

家长教育讲座和培训的内容十分广泛，通常涵盖儿童心理健康、情感教育、社会性发展等多个领域。这些内容为家长提供了从情感支持到认知发展、从社交能力到健康饮食等方面的科学知识和实践方法。例如，讲座可以深入探讨如何帮助儿童管理情绪、如何在早期教育中培养良好的阅读习惯，甚至如何通过健康的饮食习惯支持儿童的身体发育和心理健康。通过这种培训，家长不仅能够更好地理解儿童在各个发展阶段的特定需求，还能学会如何应对在日常生活中遇到的育儿难题，从而在家庭教育中更加自信和从容。

例如，学校可以邀请心理学家或育儿专家开设关于儿童情感管理的讲座，帮助家长了解如何在家庭中帮助儿童识别和表达情感，如何通过积极的情感引导提高儿童的情绪调节能力。这类讲座不仅帮助家长掌握具体的应对策略，还能帮助他们理解儿童在情感发展中的常见问题，如情绪波动、焦虑或社交压力等。通过这些知识，家长可以在孩子表现出情绪问题时，运用科学的方法进行引导和支持，避免因不了解儿童心理而产生的误解或不当反应，从而为孩子创造一个更加健康和支持的家庭环境。

同样，关于早期阅读的讲座也十分重要，尤其是在儿童语言和认知发展的关键期。专家可以向家长介绍如何通过亲子阅读培养儿童的阅读兴趣，如何选择适合年龄段的阅读材料，并帮助家长理解阅读对儿童认知发展的深远影响。例如，讲座可以展示如何通过互动式的阅读技巧，如提问、讨论故事情节、让儿童描述画面，来提升儿童的语言表达和思维能力。这些具体的育儿策略不仅能增强家长的阅读指导能力，还能让他们与孩子在阅读过程中建立更深的情感连接，为未来的学术学习奠定坚实的基础。

此外，关于健康饮食的讲座也非常重要，它能够帮助家长理解合理饮食对儿童成长的重要性。通过了解营养均衡的饮食习惯，家长可以在日常生活中为儿童提供更健康的食物选择，支持他们的身体发育和心理健康。这种讲座还可以向家长解释如何通过饮食来改善儿童的注意力、情绪稳定性和学习表现，使家长能够意识到家庭环境中的日常生活习惯对儿童身心发展的重要影响。

除了获取科学的育儿知识，家长教育讲座和培训还为家长提供了一个相互交流和学习的平台。在这些讲座中，家长们可以分享各自在家庭教育中的经验和挑战，互相支持与学习，从中获得有益的建议和启发。通过这样的互动，家长们不仅可以扩展对儿童教育的理解，还能够形成一个相互支持的家长群体，增强家庭教育的整体氛围和效果。例如，家长们可以在讲座中讨论如何通过合作和沟通更好地平衡家庭与学校的教育目标，确保儿童在两种环境中都能获得一致的支持与引导。这种合作不仅提升了家校沟通的质量，还加强了家长之间的联系，使他们在育儿过程中不再孤立无援。

综上所述，家长教育讲座与培训是家校合作的重要组成部分，它为家长提供了专业的育儿知识和实用的教育策略，帮助家长在家庭环境中更好地支持和引导儿童的发展。这种形式的教育不仅能够帮助家长提高教育水平，还能够增进家长与学校之间的相互理解与合作。通过讲座和培训，家长能够更清楚地认识到自己在儿童教育中的重要角色，并通过实践将学校教育与家庭教育有机结合，最大限度地支持儿童的全面发展。

家校合作的实现途径多种多样，除了家长教育讲座与培训，教师与家长的合作还可以通过定期的家长会和家访、日常沟通与反馈、家长参与课堂活动等方式开展。这些方式不仅增强了家长与教师之间的互动，也为儿童的学习和成长创造了更加具有支持性和一致的教育环境。研究表明，家校合作能够显著提升儿童的学习体验，促进其认知、情感和社会性的发展。同时，家校合作还帮助家长更好地理解学前教育的核心理念和目标，推动家庭和学校在儿童教育中的良性互动，形成一个有助于儿童成长的良性循环。

三、应对教师与家长合作中的挑战

（一）家长参与度不足

在实际的学前教育过程中，一些家长由于工作压力大、时间紧张，或者对学前教育的重要性认识不足，无法积极参与学校组织的活动。家长在儿童教育中的参与对于促进其认知、情感和社交发展至关重要，然而现实中，教师往往面临家长参与度不足的问题，特别是在那些对早期教育理解不够全面的家庭中。这一现象可能导致儿童在家庭和学校之间的学习体验不一致，影响整体的发展效果。

为了应对家长参与度不足的问题，教师需要采取更灵活的沟通方式，降低家长参与的门槛。例如，教师可以通过线上交流工具，如微信群、视频会议等形式，邀请家长参加线上家长会或教育讨论。这种方式能够适应那些工作繁忙或无法实地参与活动的家长需求，提供更加灵活的时间安排。此外，教师可以利用家校联系册、电话等渠道，定期向家长反馈儿童的学习与发展情况，保持长期互动。

针对不同背景的家长，教师还应提供个性化的沟通方式和建议。例如，对于不太了解学前教育重要性的家长，教师可以通过分享成功案例、简化教育理念的表达，帮助家长认识到他们在儿童早期教育中的重要角色。通过这些个性化的沟通和激励措施，教师能够更好地鼓励家长参与到合作中，逐步提升家长的参与感与责任感，形成家校协同发展的良好局面。

（二）家长与教师观点不一致

在家校合作中，家长与教师之间在教育理念或具体教育方式上可能存在分歧。家长可能基于自己的经验或文化背景持有某些固定的育儿方式，而这些方式可能与学校的课程目标或教育理念不一致。例如，部分家长可能更强调学术成绩，而忽视了儿童在情感发展和社会能力方面的培养，导致在教育重点上与教师发生分歧。

面对家长与教师观点不一致的情况，教师首先需要通过耐心沟通建立信任与理解。在沟通过程中，教师应尽量站在家长的立场上，理解他们的关切和期望。通过倾听家长的意见，教师可以缓解紧张的氛围，并从中找到合作的切入点。此时，教师可以通过具体的教育案例展示儿童在学校的表现，帮助家长更好地理解学校的教育目标。

同时，教师还可以利用教育理论的支持，通过分享相关的研究结果和政策文件，向家长解释学校课程设计和教学方式的科学依据。例如，教师可以引用儿童发展心理学的研究，说明为什么学前阶段更加注重游戏化学习和情感教育，而不是过早强调学术技能。通过理论与实践的结合，教师可以让家长更加信服并理解学校的教学方法，促进家校之间的共识。

为了避免持续的分歧，教师可以与家长共同制定适合儿童发展的个性化计划，将双方的教育理念结合起来，确保儿童能够在家庭和学校中获得一致的教育支持。这种协商与合作能够帮助家长和教师找到共同的教育目标，并逐步化解分歧，形成良性的互动关系。

综上所述，教师在与家长合作过程中可能面临家长参与度不足和观点分歧的挑战。通过灵活的沟通方式、线上交流平台和个性化的沟通策略，教师可以降低家长参与的门槛，提升家长的教育参与感。此外，通过耐心沟通、理论支持和具体的案例分析，教师能够有效解决家长与教师之间的教育理念分歧，促进双方的理解与共识。这些策略符合最新的政策和研究要求，旨在通过家校合作为儿童的全面发展创造更好的教育环境。

第六章　学前教育政策与课程改革

近年来，随着社会对儿童早期教育重要性的认识不断提高，政府和教育部门相继出台了一系列学前教育政策，旨在提升学前教育质量、促进儿童的全面发展。这些政策不仅明确了学前教育的目标和任务，还对课程内容、教学方法和评估标准提出了具体要求，推动了课程的不断改革和创新。

第一节　政策对学前教育课程的影响

一、政策制定对学前教育的规范性作用

（一）国家政策框架的引导作用

在学前教育的发展过程中，国家层面的政策框架起着至关重要的引导作用。以《国家中长期教育改革和发展规划纲要》为代表的国家政策为学前教育课程的制定与实施提供了明确的方向与具体的目标。这些政策不仅指出了学前教育的总体发展目标，还为课程设计、教学内容和实施策略设定了标准和要求。

通过这些政策，国家明确了学前教育的课程应注重儿童的全面发展，包括认知、情感、体能和社交等多个方面。最新的政策还强调了"以儿童为中心"的教育理念，要求课程内容与儿童的兴趣、发展阶段相匹配，确保每个儿童都能在适合自己的环境中获得良好的学习体验。与此同时，政策引导学前教育课程重视游戏化学习、探究式学习和多感官体验等教学方法，从而培养儿童的创造力、独立性和合作精神。

国家政策的引导作用不仅体现在课程设计上，还涵盖了课程实施的具体策略。例如，政策鼓励学前教育机构加强家校合作，提升家长在儿童早期教育中的参与度。此外，政策还对教育机构、教师资质、教育质量评估等方面提出了要求，确保各类学前教育课程能在统一的标准下实施，推动全国学前教育的均衡发展。

（二）法律法规的保障

国家政策在为学前教育提供方向性指导的同时，通过法律法规为其实施提供了坚实的法律保障。以《学前教育法》为代表的法律框架为学前教育课程的实施提供了合法依据，确保每个儿童享有公平、优质的教育机会。法律规定了政府和教育机构在提供学前教育服务方面的责任，并确保儿童在学前阶段得到良好的教育环境和资源支持。

《学前教育法》明确要求，各地区应当按照政策要求提供普惠性、可及性和高质量的学前教育资源，特别是在教育资源分配不均的农村地区，政策和法律要求加强对弱势群体和边远地区儿童的教育支持。这种法律保障确保了学前教育课程在不同地区、不同背景的儿童中能够公平实施，避免了教育资源集中于大城市或经济发达地区的现象。

此外，法律还规定了学前教育课程的评估与监管机制，确保课程内容和实施符合国家教育目标。例如，教育部门可以通过法律授权对学前教育机构的课程实施进行定期检查和评估，以确保课程设计的合理性、实施的有效性，以及课程目标与儿童发展的匹配度。通过这些法律规定，政策不仅为课程设计提供了框架，还确保了课程的实施与评估能够长期、稳定地进行。

综上所述，国家政策与法律法规在学前教育中的规范性作用不可忽视。政策框架为学前教育课程提供了明确的目标和方向，确保课程设计和实施能够以儿童的全面发展为核心。而法律法规则为课程的实施提供了重要的保障，确保每个儿童享有公平的教育机会。这些政策与法律的结合，不仅推动了学前教育课程的持续优化与创新，还确保了教育资源的合理分配与监管，促进了学前教育的高质量发展。

二、财政政策对课程资源的支持

（一）政府财政投入对课程资源的影响

在学前教育课程的实施过程中，政府的财政支持起着至关重要的作用。国家政策中明确规定，政府财政投入是保证学前教育质量、提升课程资源的关键。通过财政拨款，政府能够为幼儿园提供优质的教学设备、教材和师资力量，从而直接提高课程的实施效果。政策导向强调，学前教育不仅是基础教育的重要组成部分，也是国家人才培养的起点，因此应得到充足的资金支持。

具体来说，政府财政投入能够帮助幼儿园采购高质量的教学设备和材料，确保儿童在课程中能够使用到适合他们认知发展阶段的学习工具。例如，在政府资金支持下，幼儿园可以配备更加丰富的益智玩具、多媒体教学设备和图书，帮助儿童在动手操作和探索中进行学习。此外，优质的教学资源还包括与儿童生活实际相关的教材和图书，帮助他们从日常经验中获取知识。

此外，政府投入也体现在师资力量的培养上。政策通过财政支持，幼儿园能够提高教师的待遇，并提供更多的培训机会，提升教师的专业素养和教学技能。例如，国家通过财政拨款支持教师参加培训班、教育研讨会和进修课程，帮助他们了解最新的教学理论和方法，从而优化学前教育课程的设计和实施。这种投入不仅能提高幼儿园的整体教学水平，还能激发教师创新教学方法，提升课程的灵活性与针对性。

（二）对贫困地区的专项资助

针对经济欠发达地区的财政扶持政策，是学前教育财政政策中的重要部分，旨在缩小城乡学前教育资源的不平衡，确保每个儿童无论其家庭背景和居住地，都能获得公平的教育机会。最新的贫困地区的幼儿园通常面临教育资源匮乏、教学设备落后和师资力量不足等问题，这直接影响了这些地区学前教育课程的质量。

为了应对这一问题，政府通过专项财政资助为贫困地区的幼儿园提供额外的资金支持。这些专项资金可以用于改善当地幼儿园的基础设施建设，采购教学设备和材料，并为教师提供培训和职业发展机会。例如，通过财政支持，偏远农村地区的幼儿园可以采购到高质量的教具、图书、益智玩具以及多媒体设备，弥补了当地教育资源的匮乏问题。

同时，专项资助政策还特别关注这些地区的教师发展。通过财政投入，贫困地区的教师能够有更多机会参加国家级或省级的培训课程，接受先进的教育理念和教学方法。这不仅提升了教师的教学能力，也帮助他们在课程设计和课堂管理中更加自信和专业。例如，财政资助可以支持教师参加学术交流、参加专业进修课程或接受专家的现场指导，帮助教师不断提升自身的专业水平和课程开发能力。

财政支持的目标是通过资源倾斜和专项资助，确保贫困地区的学前教育课程能够达到国家规定的基本标准，进而缩小城乡之间的教育差距。通过这些财政支持，贫困地区的幼儿园能够有机会实施更高质量的课程，保证儿童在学前阶段得到全面发展。这种财政扶持不仅仅是资源的补充，还体现了国家在教育公平和资源均衡方面的长期承诺。

综上所述，财政政策对学前教育课程资源的支持至关重要。通过政府的财政投入，幼儿园能够获得更加优质的教学设备、教材和师资支持，直接提升了课程的实施效果。同时，针对经济欠发达地区的专项资助政策，有助于缩小城乡教育资源的不平衡，为贫困地区提供更多的课程资源和专业支持。这些财政支持和政策措施确保了学前教育课程的质量与公平性，推动了国家教育目标的实现。

三、政策对课程内容与标准的规范

（一）课程标准化的推进

国家政策在推动学前教育课程标准化方面发挥了重要作用，旨在确保所有幼儿园的课程设计和实施符合国家规定的儿童发展目标。通过政策制定，政府明确了学前教育的核心目标，即促进儿童的认知、情感、体能和社会性发展。政策文件如《幼儿园教育指导纲要》和相关法规为课程内容提供了清晰的指导框架，规定幼儿园课程应当注重儿童的全面发展，避免片面追求学术知识灌输。

课程标准化的推进确保了全国各地的幼儿园都能够遵循统一的质量标准，特别是在核心领域如语言教育、数学启蒙教育、情感教育、社交技能培养等方面。通过这种标准化，学前教育课程不仅能够实现跨区域的一致性，还能确保所有儿童在接受早期教育时，都能在认知、情感和社会性等方面得到全面支持。政策还强调课程实施应以游戏为基础，确保儿童在轻松愉快的氛围中学习，这与国际教育理念的最新趋势保持一致。

此外，国家课程标准的制定还为课程评估和教师培训提供了依据。教师可以根据这些标准进行教学设计和实施，而教育主管部门也可以通过这些标准对幼儿园的课程质量进行监督和评估。这种标准化的推进，不仅提升了全国学前教育的整体质量，还为课程设计、教学创新提供了坚实的政策基础。

（二）多元化课程政策的鼓励

虽然国家政策强调课程的标准化，但同时也鼓励多元化和本土化的课程设计，以满足不同地区和文化背景下儿童的教育需求。部分地方政府和幼儿园在遵循国家课程标准的基础上，可以根据本地文化、资源条件和儿童发展需求进行课程内容的调整和创新。这种灵活性允许地方幼儿园在教学中融入具有地方特色的文化元素，增强课程的多样性和适应性。

例如，农村地区的幼儿园可以根据当地的自然环境和生活方式，设计与农业、生态有关的课程内容，帮助儿童了解自己生活的自然环境和社区。而在城市地区，幼儿园可能更多地引入科技、文化艺术等领域的内容，以拓展儿童的认知视野。通过这种多样化的课程设计，保障了幼儿园能够根据各地实际情况提供更符合儿童生活经验的教育内容，激发他们的学习兴趣和文化认同感。

政策鼓励的多元化还体现在课程实施方式上。例如，有的地区通过引入传统手工艺、地方艺术形式等，将本地文化融入学前教育课程，让儿童在学习中体验家乡文化的独特性。同时，城市地区的幼儿园可以结合高科技设备，如虚拟现实（VR）技术、互动白板等，设计创新的教学方式，帮助儿童接触到更广阔的世界。

这种本土化和多样化的课程设计既丰富了学前教育的内容，也帮助儿童在学习中建立对自身文化的认同感和归属感。在国家课程标准的基础上实现课程创新，不仅提升了课程的适应性，还推动了教育公平，使得儿童无论身处城市还是农村，都能够接受符合其生活和文化背景的优质教育。

综上所述，政策在推动学前教育课程内容和标准的规范过程中，发挥了双重作用。一方面，通过推进课程标准化，政策确保了全国幼儿园课程的统一性与质量；另一方面，政策也鼓励各地在遵循国家标准的基础上，根据本地文化和实际需求进行课程调整和创新，促进课程的多样化与本土化。这种结合了标准化与多元化的政策导向，既保证了课程的高质量实施，又为不同地区的课程设计提供了更多的灵活性，推动了学前教育的全面发展。

四、教师培养与培训政策对课程实施的支持

（一）政策对教师资格与培训的要求

国家政策对学前教育教师的培养和资格认证提出了严格要求，确保教师具备足够的专业素养以有效实施学前教育课程。如《幼儿园教师专业标准》和《中华人民共和国教师法》明确规定，学前教育教师必须通过教师资格考试和认证，确保他们掌握儿童发展心理学、教学方法、课程设计等专业知识。这一资格认证标准不仅涵盖了教师的基本教育素质，还注重他们在学前教育中实践能力的提升，特别是在儿童认知、情感和社交发展等领域的专业能力。

政策还规定，学前教育教师在获得资格认证后，需通过定期培训、进修和实践反思来保持并提升其专业能力。例如，教师在资格认证过程中必须参加与学前教育课程

相关的实践教学环节，确保他们能够将理论与实践相结合，制定和实施适合幼儿发展阶段的课程活动。国家对教师资格和培训的严格要求，确保了教师能够胜任学前教育课程的实施，并能够根据不同儿童的需求进行个性化调整，从而保证了课程的质量和有效性。

通过政策的引导，学前教育教师的培养和资格认证有了明确的标准，保证了教师队伍的整体水平，进而为学前教育课程的实施提供了坚实的师资支持。

（二）教师继续教育的政策推动

教师的继续教育政策是推动学前教育课程不断更新与发展的重要手段。为了适应现代教育的发展需求，政府通过一系列政策鼓励学前教育教师定期参加职业培训，掌握课程改革的新理念、新技术和新方法。这些继续教育政策确保教师能够及时跟进最新的教育理论，如探究性学习、游戏化教学和多元智能理论等，并将这些理念融入实际教学中。

最新政策文件如《国民经济和社会发展第十四个五年规划》明确提出，教师的职业培训和继续教育是提高学前教育质量的重要保障。政府通过政策推动教师参加各类培训项目，包括线上和线下培训、专题研讨会、学术交流等，让教师在职业生涯中不断提升专业技能。例如，教师可以参加有关儿童心理学、课程设计、课堂管理等领域的培训课程，帮助他们应对课程实施中的具体挑战，并提升课程创新能力。

此外，政策还支持学前教育教师参加国际交流和进修，学习国外先进的教学理念和课程设计方法。这不仅帮助教师开阔视野，还能够将国际化教育理念融入本地课程，促进课程的多样化和创新。例如，教师可以通过学习国外的探究式学习、项目式学习和游戏式教学法，将这些方法应用到本国学前教育课程的实践中，提升儿童的学习体验和综合能力。

综上所述，国家政策通过教师资格认证和继续教育的推动，有效支持了学前教育课程的实施。通过严格的教师资格认证，政策确保教师具备实施课程的基本专业能力；通过持续的职业培训和继续教育，政策为教师提供了掌握课程改革新理念和新方法的机会，从而保证课程实施的质量与创新性。这些政策措施为学前教育课程的优化和实施提供了坚实的师资保障，推动了学前教育的高质量发展。

第二节　课程改革的挑战与机遇

一、课程改革的挑战

（一）教师对课程改革的适应难度

1. 新课程理念的接受与实践

课程改革在学前教育领域引入了诸如"探究式学习""游戏化学习"和"以儿童为中心"等新的教学理念。这些理念要求教师在教学中采取更加灵活、创新的教学方式，而不仅仅是传统的知识传授。然而，部分教师可能在接受这些新理念时遇到阻力，尤其是那些长期习惯于传统教学方法的教师，他们可能对这些新方法的理论依据不够熟悉或信心不足。

教师在面对新课程理念时，往往缺乏足够的培训和理论指导，导致他们在课程实施过程中感到困惑或不知所措。例如，探究式学习要求教师引导儿童自主提出问题、寻找答案，而部分教师可能仍习惯于直接给出答案，因而无法充分发挥儿童的自主学习能力。这种理念上的差距使得教师在实际操作中感到难以适应，影响了新课程的有效实施。

2. 教师角色转变的挑战

课程改革要求教师从传统的"知识传授者"角色转变为"引导者"和"支持者"，这种转变对教师的专业能力和教学思维提出了更高的要求。作为引导者，教师需要通过设计问题、组织讨论、引导儿童思考和探索，帮助儿童在自主学习中发展认知能力。这一角色的转变不仅要求教师具备丰富的知识储备，还需要他们具备灵活的课堂管理能力和创新的教学策略。

文献强调，教师在转变角色过程中面临的挑战之一是如何在教学中保持"引导"而非"控制"。在传统的课堂中，教师习惯于掌控整个教学流程，决定教学内容、节奏和活动。而在新课程改革的背景下，教师需要更多的放手，让儿童自主探索、提问和思考。这种放手式的教学不仅要求教师在教学中具备更多的耐心和包容，还需要他们具备高度的教学反思能力，能够通过不断地自我评估和课程调整，适应不同儿童的学习节奏与需求。

此外，教师还需具备创新能力，以应对新课程中的不确定性和挑战。例如，教师可能需要设计更多具有创意的活动和问题情境，鼓励儿童进行开放式的讨论和实验。这种创新能力的培养需要时间和支持，而部分教师在这一转变过程中可能感到压力和不适应。

综上所述，教师对课程改革的适应难度主要体现在两个方面：一是对新课程理念的接受与实践，部分教师对这些新理念不够熟悉，导致课程实施遇到困难；二是教师角色从"知识传授者"向"引导者"和"支持者"的转变，这一转变要求教师具备更高的反思和创新能力。文献与政策指出，为应对这些挑战，教师需要通过持续的培训与实践支持来提升自身适应能力，从而更好地推动学前教育课程改革的顺利实施。

（二）资源分配不均衡

1. 城乡之间的资源差距

在学前教育课程改革的背景下，城乡之间的资源差距成为改革推进过程中的一大挑战。政策明确提出，学前教育课程改革需要丰富的教学资源、优质的师资力量和良好的教育环境作为基础。然而，城市和农村地区的教育资源分布极为不均衡，导致课程改革在不同地区的实施效果存在显著差异。

城市地区，尤其是经济发达的城市，通常拥有较为完善的教育设施、丰富的教学资源以及接受过系统培训的教师。这使得城市幼儿园在课程改革中能够更好地引入如探究式学习、游戏化教学等新的教育理念，并通过多媒体、现代化教具等丰富教学手段来提升儿童的学习体验。然而，在农村和偏远地区，教育资源的匮乏制约了改革的推进。许多农村幼儿园面临师资短缺、教学设备老旧、课程资源单一等问题，教师也缺乏参加继续教育和专业培训的机会，难以适应新课程的要求。

农村和偏远地区教师的专业发展受到严重限制，很多教师无法接触到最新的教育理念和教学工具，影响了课程改革的效果。例如，某些改革措施要求教师设计更加互动和灵活的课堂活动，但在资源匮乏的环境中，教师往往缺少合适的教具和材料，难以实施符合改革理念的课程。城乡资源的差距不仅体现在教学设施和材料上，还体现在教师专业水平和教育机会的不同，这进一步加剧了课程改革在城乡之间实施不均衡的问题。

2. 幼儿园资源配置差异

除了城乡之间的资源差距，公办幼儿园和私立幼儿园之间的资源配置不均衡也是课程改革面临的重大挑战。公办幼儿园通常能够得到更多的财政支持，拥有较为稳定的师资和设施，而私立幼儿园，尤其是资金有限的小型私立机构，可能在课程资源上存在较大不足。这种资源分配的不平衡可能导致课程改革在不同类型幼儿园间的实施效果差异显著。

公办幼儿园在政府财政支持下，能够获得稳定的教学经费用于购买教学设备、升级课程材料并为教师提供专业培训机会。这使得公办幼儿园能够更顺利地实施政策要求的课程改革，并保障课程质量和改革效果。政策还强调，公办幼儿园在执行新的课程标准和引入创新教学方法时，能够更好地遵循政府的指导，确保改革的方向与目标一致。

相反，私立幼儿园，尤其是经济条件有限的小型私立机构，往往难以获得足够的资金支持来更新教学设施或提升师资队伍的专业水平。文献显示，部分私立幼儿园为了节约成本，可能无法为教师提供足够的培训，导致教师在面对课程改革时，缺乏相应的能力和工具去实施新课程。此外，私立幼儿园由于资源匮乏，可能无法按照国家规定的课程标准提供多样化、创新性的教学内容，这使得改革的实施不均衡性更加突出。

因此，公办幼儿园与私立幼儿园之间的资源差异，特别是教学设施、师资培训和财政支持方面的差距，成为影响课程改革推进的关键因素。这种差异不仅影响了课程质量的提升，还可能加剧幼儿园之间的教育不平等，影响儿童的学习体验和发展机会。

综上所述，学前教育课程改革在资源分配不均衡的背景下面临巨大挑战。城乡之间的资源差距使得课程改革在农村和偏远地区的实施难度较大，缺乏优质的师资和教学资源。而公办幼儿园与私立幼儿园之间的资源配置不平衡，导致不同类型的幼儿园在课程改革中的实施效果差异显著。政策和文献均强调，要实现课程改革的全面成功，需要加大对欠发达地区和私立幼儿园的资源支持，确保改革在全国范围内的公平性和有效性。

（三）家长和社会对课程改革的认知

1. 家长对课程改革理念的接受度

学前教育课程改革引入了许多新的教育理念，如"探究式学习""游戏化教学"和"以儿童为中心"等。这些理念强调儿童的自主性、创造力和社会性发展，与传统的教育观念有所不同。因此，部分家长在面对这些新课程理念时，可能会产生疑虑或不理解，尤其是在一些重视学术成绩的家庭中，家长可能难以接受较为开放的教学方式。

家长在儿童教育中扮演着重要角色，他们的态度和认知会直接影响课程改革的实施效果。如果家长对新课程理念持怀疑态度，认为改革后的课程缺乏"学术性"或过于"宽松"，他们可能不会支持改革，也难以在家庭教育中配合学校的教学目标。例如，一些家长可能不理解探究式学习的价值，认为让儿童通过玩耍和探索的方式学习是"浪费时间"，这与他们传统的教育观念发生冲突。

为了应对这一挑战，政策和文献建议学校和教师需要加强与家长的沟通，通过家长会、教育讲座和宣传材料等形式，向家长解释课程改革的理念和益处。例如，教师可以通过案例展示和研究数据，说明自主学习、游戏化教学等方法如何有助于儿童的认知、情感和社交发展。通过这种宣传与引导，家长可以更好地理解新课程的目标和意义，从而更积极地配合课程改革，共同支持儿童的全面发展。

2. 社会舆论对课程改革的影响

课程改革往往在社会层面引发广泛的讨论，尤其当改革的理念与传统教育观念不一致时，社会舆论可能对改革产生一定的阻力。强调儿童自主性和个性化发展的课程改革，常常与传统的"以教师为中心"的教育模式发生冲突。例如，在一些文化背景中，家长和社会更倾向于认为教师应该严格管理儿童，注重知识传授，而非让儿童自主探索或通过游戏学习。

社会对课程改革的态度在很大程度上影响着课程改革的推进。例如，某些课程改革提倡通过儿童自主选择活动和任务，培养其自我管理和决策能力，但这一理念在一些家长和社会群体中可能被视为"过于放松"或"不够严谨"。社会舆论可能认为，课程应该更加重视儿童的知识积累和学术准备，尤其是在面对竞争激烈的教育环境时。这种传统观念对新课程理念的接受度较低，可能导致部分家庭对课程改革的不支持，甚至产生负面评价，进而影响课程改革的实施效果。

政策和研究建议，政府和教育部门应积极引导社会舆论，通过媒体宣传、专家解读和成功案例展示，帮助公众理解学前教育课程改革的长远益处。例如，政策可以通过公共教育平台，邀请专家、教育学者对课程改革进行详细解读，说明强调儿童自主性和个性发展的课程如何有助于儿童在未来的学习中更好地适应复杂的社会环境。这种舆论引导有助于消除社会对新课程理念的误解，并逐步改变传统观念，为课程改革创造更加有利的社会环境。

综上所述，家长和社会对学前教育课程改革的认知是改革成功的重要因素之一。家长对新课程理念的接受度直接影响他们在家庭教育中的配合程度，而社会舆论对改革的影响则可能加剧或缓解改革与传统观念之间的冲突。通过加强宣传与引导，政策和教育部门可以帮助家长和社会更好地理解课程改革的目的与价值，从而为学前教育改革营造良好的支持环境，推动改革的顺利实施。

二、课程改革的机遇

(一) 政策支持与创新空间

1. 国家政策的持续推动

国家政策在学前教育课程改革中的推动作用愈发明显。近年来，随着政府对学前教育重要性的不断提升，国家陆续出台了多项政策，以支持和推动学前教育课程的改革和创新。政策文件如《国家中长期教育改革和发展规划纲要》《幼儿园教育指导纲要》等，明确提出了要以促进儿童全面发展为目标，强调课程改革应当贴近儿童的认知特点和生活经验，推动探究性学习、游戏化教学等理念的实施。

政策的持续推动不仅为幼儿园提供了理论和方向上的支持，也为改革创造了更大的创新空间。例如，政策鼓励幼儿园根据儿童的个性化需求，设计更加灵活、多样的课程内容，并为教师提供职业培训和继续教育的机会，帮助他们更好地适应新的教育理念。政策还通过财政支持、资源分配和教师资格制度等手段，为幼儿园在课程实施过程中解决实际问题提供保障。这些措施大幅降低了幼儿园进行课程创新的风险和成本，使得更多幼儿园可以在改革中尝试新的教学方法和课程设计。

通过政策的持续支持，幼儿园不仅能够在国家规定的框架内进行课程改革，还可以根据实际需要进行创新与调整。这样的创新空间为学前教育的持续发展创造了有利条件，也为各地课程改革提供了更多的探索机会。

2. 区域创新的推广

区域创新是课程改革的重要机遇之一。在一些经济发达地区或教育理念先进的地方，学前教育课程改革已经取得了一定的成果。例如，部分幼儿园通过引入特色课程、双语教育、环境教育等，使得儿童在多元化的课程内容中得到全面的认知和社会性发展。这些成功经验不仅推动了当地学前教育的发展，也为其他地区提供了有价值的借鉴。

特色课程的推广是区域创新的一个显著例子。许多地区通过结合本地文化和资源，设计出具有地域特色的课程。例如，沿海城市的幼儿园可能将海洋生态教育融入课程中，帮助儿童了解和探索自然；而一些具有民族特色的地区则开发了传统手工艺课程，帮助儿童在学习中感受文化的独特性。通过这些特色课程，儿童不仅获得了更多的学习机会，还增强了文化认同感和社会责任感。

此外，双语教育作为课程改革中的另一个创新点，已经在部分地区得到了成功的实施。通过引入双语教学，儿童在学前阶段就能够接触到不同的语言文化，提升了语言表达能力和跨文化交际能力。这种创新不仅符合全球化的趋势，也为儿童未来的语言学习打下了坚实基础。

区域创新的成功经验可以通过政策引导在更大范围内进行推广。例如，政府可以通过区域交流、示范项目和经验分享，推动各地区在课程改革中学习和借鉴其他地方的优秀实践，从而提高改革的整体水平。这种创新模式的推广能够推动学前教育的均衡发展，确保不同地区的儿童都能享受到高质量的教育资源和课程内容。

综上所述，政策支持与区域创新为学前教育课程改革提供了重要的机遇。国家政策的持续推动为课程改革创造了宽松的创新空间，幼儿园能够根据政策框架大胆进行课程创新。同时，部分地区通过特色课程、双语教育等创新模式取得了成功，为其他地区提供了宝贵的经验。通过政策的引导与区域创新的推广，学前教育课程改革有望进一步深化，推动全国范围内的幼儿园为儿童提供更加多元化、优质的教育。

（二）科技发展为课程改革带来的新机遇

1. 数字化教学工具的应用

随着信息技术的快速发展，数字化教学工具已成为学前教育课程改革的重要推动力。通过科技的引入，教师能够有效地丰富课程内容，并设计出更加互动、有趣的教学活动，极大地提升了儿童的学习体验。数字化工具，如互动白板、教育类应用程序、虚拟现实（VR）和增强现实（AR）技术等，都为学前教育的课程创新提供了新的可能性。

教师可以借助数字化工具创造出更加多感官的学习环境。例如，互动白板让教师能够实时展示图片、动画和视频，使抽象的概念变得更加生动和形象，帮助儿童更容易理解复杂的内容。与此同时，虚拟现实技术可以让儿童"走进"故事书中的世界，或者"参观"远在他们生活范围之外的名胜古迹、自然景观，这极大地激发了儿童的好奇心和探究精神。通过这些技术，教师不仅丰富了课程内容，还提升了课堂的互动性和参与感，促进了儿童的主动学习。

数字化教学工具的使用有助于培养儿童的数字素养，帮助他们更早接触信息技术，为未来的学习奠定基础。最新政策也鼓励教师充分利用这些技术，设计出贴近儿童生活、符合他们认知发展的课程内容，使学前教育与现代科技接轨，为课程改革提供更多的创新空间。

2. 线上教学资源的普及

互联网技术的普及使得优质的教学资源可以通过线上平台广泛传播，极大地促进了教育资源的共享，特别是在资源匮乏的农村和偏远地区，线上资源的使用为课程改革带来了巨大的机遇。政策文件如《教育信息化2.0行动计划》明确提出，要通过互联网扩大优质教育资源的覆盖面，确保每个儿童，无论其生活环境如何，都能接触到高质量的学前教育内容。

通过线上教学资源，教师和幼儿园可以随时获取丰富的课程素材，弥补教材和教具的不足。例如，在经济落后或偏远地区，幼儿园往往缺乏足够的图书、教学玩具和其他课程资源，而互联网的普及为他们提供了接入全国甚至全球优质教育资源的机会。教师可以通过网络平台下载符合国家课程标准的教学材料、教育视频和互动游戏，借助这些资源来充实和提升课程内容。

此外，线上平台也为教师的专业发展提供了便利。教师可以通过网络参与各种线上培训和课程学习，提升他们对现代教学方法和科技工具的掌握能力。这种便捷的学习方式帮助教师在不离开岗位的情况下获得继续教育机会，为课程改革提供了持续的支持。

线上教育资源还可以帮助缩小城乡教育资源的不平衡。通过在线教育平台，农村和偏远地区的儿童能够与城市儿童一样，接触到高质量的课程内容。这种技术手段不仅提升了教育的普及性，也促进了教育公平，使更多儿童有机会在学前阶段获得良好的教育基础。政策明确表示，未来将进一步加强网络教学资源的建设，推动优质教学资源的共享，确保科技手段为所有儿童提供更加公平的教育机会。

综上所述，科技的发展为学前教育课程改革带来了巨大的新机遇。数字化教学工具丰富了课程内容，提升了课堂的互动性和儿童的学习兴趣，帮助教师设计出更加适合儿童发展的教学活动。同时，互联网的普及为优质的教学资源传播提供了更多可能性，特别是在资源匮乏的地区，科技手段有效弥补了课程资源不足的问题。通过科技与教育的深度融合，学前教育课程改革将在全国范围内得到更加公平和高效的推进，推动教育质量的全面提升。

（三）多元文化与国际交流的融入

1. 全球化背景下的课程创新

在全球化的背景下，国际交流与合作为我国的学前教育课程改革提供了新的机遇与创新思路。通过借鉴发达国家在学前教育领域的成功经验，国内的教育机构和政策制定者能够将一些先进的课程模式和教学理念引入到本国的教育体系中，丰富和优化课程内容，提升课程质量。例如，许多发达国家注重探究式学习、以儿童为中心的个性化教学，以及强调儿童的社会性和情感发展，这些理念在全球学前教育中得到广泛认可和应用。

政策鼓励国内学前教育机构与国际教育组织、研究机构开展合作，促进中外教师的学术交流与实践互鉴。通过引入国际课程和教学方法，国内的幼儿园可以设计出更具创新性和灵活性的课程内容。例如，一些幼儿园已经开始引入蒙台梭利教育、瑞吉欧教育等国际课程体系，通过游戏、探究和项目学习等方式，帮助儿童在开放的学习环境中发展独立性、创造力和解决问题的能力。

国际交流不仅为课程改革提供了参考，还帮助国内教师通过国际培训和研讨会开拓视野，掌握更多前沿的教学工具和方法。这种国际化的合作与交流，促进了全球优秀教育资源的引入，为我国学前教育课程的创新与改革注入了新的活力。

2. 文化多样性课程的发展

在全球化日益加深的背景下，学前教育课程改革的另一个重要机遇是文化多样性的融入。通过引入多元文化教育理念，课程能够帮助儿童从小接触不同的文化、价值观和社会规范，培养他们的国际视野和文化包容意识。多元文化教育不仅有助于儿童理解和尊重不同的文化背景，还能够培养他们的跨文化交际能力，这在全球化背景下显得尤为重要。

通过将多元文化融入课程设计，幼儿园可以通过故事、游戏、艺术和语言教学等形式，向儿童展示世界各地不同的风俗习惯、生活方式和文化传统。例如，教师可以通过国际节日庆祝、邀请外籍家长或文化使者分享其文化背景，帮助儿童理解文化的多样性和全球社会的丰富性。通过这些活动，儿童不仅能够学会尊重和包容其他文化，还能形成开放的思维方式和全球公民意识。

政策还鼓励在学前教育中引入双语教育和跨文化交流活动。通过学习外语，儿童能够在语言的学习中接触到另一种文化背景，从而培养他们的跨文化理解力。文献研究表明，早期语言学习能够增强儿童的认知灵活性，并提升其对多元文化的理解。跨文化课程改革还可以通过国际合作、与外国学校的交流项目等方式，帮助儿童在早期阶段接触到不同的文化和社会背景，拓展他们的视野。

通过这些多元文化课程的设计与实施，学前教育不仅能够帮助儿童从小培养开放和包容的心态，还能为他们未来在全球化社会中的学习、生活和工作打下基础。政策鼓励学校和幼儿园根据地区特色和实际条件，引入适合本地儿童的多元文化教育资源，使课程更加丰富、多样化和具有全球视野。

综上所述，全球化和多元文化为学前教育课程改革带来了新的机遇。通过借鉴国际成功的课程模式，国内学前教育能够在全球教育背景下进行课程创新。同时，文化多样性的融入也为课程改革提供了新的内容和视角，帮助儿童从小培养国际视野和文化包容意识。政策的支持和全球教育资源的引入，将为未来学前教育课程的多样化和国际化发展提供重要的动力。

第三节　未来发展趋势

一、课程个性化与多样化的趋势

（一）儿童个体差异的尊重

未来学前教育课程改革的一个重要趋势是更加注重儿童的个体差异，确保每个儿童都能在适合自身发展的课程环境中获得最佳的学习体验。根据最新的政策与文献，个性化教育将成为课程设计的核心理念之一，尤其是随着"以儿童为中心"的教学理念不断深入，课程设置将更多地关注不同儿童的兴趣、能力、性格和发展节奏。

这种个性化课程的设置意味着教师需要通过观察、评估和反馈，了解每个儿童的特点，并根据他们的学习需求进行差异化教学。儿童在认知、社交和情感发展上存在显著的个体差异，而统一的课程模式可能无法有效满足这些多样化的需求。因此，未来的学前教育课程改革将通过灵活的课程设计，允许教师调整教学内容和进度，以适应有不同能力和兴趣的儿童的需求。

例如，对于那些语言能力较强的儿童，教师可以通过丰富的语言活动和文学作品，进一步提升他们的表达和理解能力；而对于动手能力突出的儿童，教师可以设计更多实践性和创造性的任务，帮助他们发挥潜能。这种针对性教学不仅尊重了儿童的个体差异，还帮助儿童建立自信，激发他们的学习兴趣和主动性。最新的政策也呼吁通过个性化的课程设计，为每个儿童提供合适的学习支持，确保他们在认知、情感、社交等多个领域得到平衡发展。

（二）多元化课程内容的设计

除了个性化的发展需求，未来的学前教育课程将更加多元化，旨在全面促进儿童的认知、艺术、体育、情感和社会性发展。政策明确提出，学前教育课程改革应突破单一学术内容的限制，设计出更为综合的课程体系，使儿童能够在多维度的学习环境中获得全面发展。

在多元化课程内容的设计上，课程将涵盖认知发展（如早期数学、语言和科学启蒙）、艺术创作（如音乐、绘画、舞蹈等）、体育活动（如运动技能的培养、健康教育等）和社会性发展（如情感管理、社交能力的培养等）。这种综合性课程不仅能够培养儿童在认知能力上的多方面技能，还能够促进他们在身体、情感、社会互动等多个层面的成长。

例如，艺术类课程的加入能够激发儿童的创造力和想象力，而体育类课程则有助于增强儿童的体能发展和团队协作意识。在设计多元化课程时，教师可以通过跨学科的课程形式，将不同领域的内容有机结合。例如，在一个项目制学习活动中，儿童可以通过角色扮演、绘画和实地观察等方式，综合运用认知、社交和艺术能力，完成一个主题任务。

政策文献特别强调，多元化课程的设计要注重儿童的综合素质发展，不仅局限于学术知识的传授，还要注重培养儿童的非认知能力，如情感调节、自我管理、合作与解决问题的能力。通过这样多样化的课程内容设计，未来的学前教育将更具包容性和适应性，能够满足儿童在成长过程中多方面的需求，确保其全面健康发展。

综上所述，未来学前教育课程的个性化和多样化趋势反映了对儿童个体差异和综合发展的关注。通过个性化的课程设置，教师能够根据不同儿童的能力、兴趣和需求提供适合的教育内容；通过多元化的课程设计，学前教育将涵盖认知、艺术、体育等多方面内容，确保儿童在多个领域获得全面发展。最新政策的支持和研究的深入为这一趋势提供了有力的理论基础和实施路径，推动学前教育课程迈向更加灵活和多元的未来。

二、跨学科与整合课程的发展

（一）跨学科课程的兴起

跨学科课程是学前教育课程改革中的重要趋势之一。随着教育理念的不断进步，传统的学科单一分割模式逐渐被更加综合的跨学科课程所取代。跨学科课程通过结合不同领域的知识与技能，如科学、艺术、语言、数学和社会技能等，让儿童在学习过程中通过多维度的学习体验，培养综合解决问题的能力和创造性思维。

跨学科课程有助于儿童在探索式学习中建立对世界的整体认知，而不仅仅是分散的学科知识。例如，项目式学习（PBL）作为一种典型的跨学科课程设计，能够将科学、艺术和社交技能融为一体，帮助儿童在一个现实情境中应用多种能力完成任务。例如，在一个关于"我的社区"的项目中，儿童可以通过观察社区的建筑、绘制社区地图、讨论社区成员的职责，既学习了地理与科学知识，又发展了艺术表达和社交技能。

跨学科课程的优势在于它能够为儿童提供更加真实的学习体验，并通过多样化的活动激发他们的好奇心和自主探索能力。跨学科课程的设计应当注重儿童实际生活经验的融入，使儿童在学习中能够将理论与实践相结合，培养他们解决复杂问题的能力和团队协作意识。这种课程形式将学科知识通过整合的方式呈现，使学习更加有趣且富有意义，有助于儿童形成对知识整体性和系统性的理解。

（二）课程整合的进一步深化

课程整合是学前教育课程改革中的另一个重要方向。传统教育模式常将知识分为不同的科目，如语言、数学、科学、艺术等，这种方式虽然有助于系统学习特定领域的知识，但也容易让儿童产生学科孤立的现象，难以将学到的知识应用于现实情境中。为了应对这一问题，未来的课程改革将更加注重学科之间的整合性，采用主题式学习（Thematic Learning）等方法，将不同学科的知识融会贯通，帮助儿童在一个综合的学习环境中发展多方面的能力。

主题式学习不仅打破了学科之间的界限，还能够帮助儿童在特定主题下探索多个领域的知识。例如，在"季节变化"这一主题下，教师可以引导儿童观察天气变化（科学），描述季节特征（语言），绘制季节景色（艺术），并通过运动模仿季节中的自然现象（体育）。这种整合式的学习体验帮助儿童通过一个整体的视角理解世界，培养他们的综合认知能力。

政策文献进一步强调，未来的学前教育课程改革将推动整合课程的深化，通过设计跨学科的主题活动、项目和探究任务，促进儿童的全面发展。这种课程整合不仅体现在知识领域，还包括情感、社交和身体发展的各个方面。例如，通过角色扮演、集体探究等方式，儿童不仅学习了知识，还在互动中发展了社交能力，培养了团队合作和情感表达的能力。

课程整合的深化还可以帮助儿童更好地将课堂学习与现实生活联系起来，提升他们在实际情境中应用知识的能力。通过主题式学习，教师可以根据儿童的兴趣和发展阶段灵活调整课程内容，使学习更加贴近儿童的生活经验，增强课程的适应性和趣味性。

综上所述，跨学科课程的兴起与课程整合的深化是学前教育课程改革中的重要趋势。通过跨学科课程，儿童能够在多领域的学习中提高综合能力，而整合课程则通过主题式学习打破学科界限，帮助儿童在一个整体的框架中进行全面发展。最新政策的支持与文献的理论依据为这些趋势的推进提供了坚实基础，确保学前教育课程能够更好地满足儿童多元化发展的需求，提升他们的综合素养和现实生活中的应用能力。

三、科技在课程中的深度融合

（一）虚拟现实与增强现实技术的应用

虚拟现实（VR）和增强现实（AR）技术的快速发展为学前教育课程提供了前所未有的创新机会。这些技术将逐渐深入融入学前教育，通过为儿童创造沉浸式学习环境，让他们以互动、直观的方式体验和学习新知识。政策和文献均指出，VR和AR技术在学前教育中的应用有助于打破传统课堂教学的限制，为儿童提供动态、可视化的学习内容，增加学习的趣味性与参与感。

通过VR，教师可以带领儿童"参观"世界各地的名胜古迹或探索自然世界中的不同场景，而不受物理空间和距离的限制。例如，儿童可以通过虚拟体验进入恐龙时代，观察恐龙的生活环境，或是在太空中"飞行"，了解宇宙的基本结构和行星运动。这种沉浸式学习帮助儿童更加深刻地理解和记忆知识，同时激发他们的好奇心和探索欲望。

AR技术通过将虚拟内容与现实世界叠加，增强了儿童对实际环境的感知。例如，教师可以利用AR技术将书本中的动物或植物"立体化"，让儿童通过观察这些虚拟的生物形态，更加直观地理解生物特征和生长过程。这种增强现实的方式，提升了教学的互动性，也帮助儿童在参与式学习中建立对知识的深刻印象。

政策支持科技在学前教育中的应用，认为 VR 和 AR 不仅丰富了教学资源，还有效提升了教学效果，使儿童能够在趣味性和现实性兼备的情境中获得更具启发性的学习体验。

（二）人工智能与个性化学习

人工智能（AI）技术在学前教育课程中的应用将为个性化学习提供新的可能性。通过 AI 的智能分析和自适应算法，教师可以根据每个儿童的学习进度、兴趣和表现，设计和调整个性化的课程内容，确保每个儿童都能按照适合自己的节奏和方式进行学习。最新政策与 AI 技术不仅能够帮助教师更加精准地了解儿童的学习需求，还可以提供自动化的反馈和个性化建议，从而优化教学过程。

AI 系统可以实时追踪儿童在学习中的表现，并通过数据分析发现他们的强项和薄弱点。例如，AI 可以通过分析儿童在拼图游戏中的表现，了解他们的逻辑思维能力、空间感知能力等，并根据这些数据提供适当的挑战或帮助，进一步增强儿童的能力发展。此外，AI 还能为教师提供详尽的学习报告，帮助他们更好地了解每个儿童的学习进展，从而调整教学策略。

在个性化学习的情境中，AI 不仅可以根据儿童的学习情况自动调整教学内容，还能够为儿童设计适合他们的学习路径。例如，对于语言学习能力较强的儿童，AI 系统可能会推送更多与语言相关的挑战和任务，而对于需要在数学技能上加强的儿童，则会提供针对性的数学练习。通过这种个性化的课程设计，AI 能够有效提升儿童的学习效果，确保每个儿童都能在适合自己的领域得到最大限度的发展。

人工智能为课程个性化提供了更高效和灵活的工具，能够帮助教师更精准地进行差异化教学，满足不同儿童的个性化需求。这不仅提升了学前教育的整体质量，也为儿童的全面发展提供了更多支持。

综上所述，科技的深度融合正在为学前教育课程带来全新的机遇。通过 VR 和 AR 技术的应用，学前教育可以为儿童提供沉浸式和互动式的学习体验，激发他们的好奇心和探究精神。而 AI 技术的引入，则为个性化学习提供了有效的支持，通过智能化的数据分析和反馈，确保每个儿童都能根据自己的需求获得最佳的学习内容。政策的推动和科技的发展为学前教育课程的改革与创新提供了坚实的基础，促进了更高效、更个性化的教学模式的实现。

四、全球化背景下的课程标准化与本土化的平衡

(一) 全球化课程标准的借鉴

随着全球化进程的不断加深，学前教育领域也在日益增强国际间的交流与合作。全球化背景下的教育改革带来了课程标准化的趋势，各国学前教育逐渐通过交流借鉴全球先进的教育模式与经验。许多国家正在探索通过参考国际上成功的学前教育框架，提升本国课程的整体水平和规范性。

例如，世界上许多发达国家的学前教育已经形成了成熟的课程体系，这些体系不仅强调儿童的认知发展，还重视情感、社会性和身体素质的全面发展。通过借鉴这些成功的国际经验，我国的学前教育课程可以在标准化方面进行进一步的完善。例如，借鉴芬兰、瑞吉欧等教育体系中的探究式学习、项目制学习（PBL）等创新方法，将这些国际认可的教育理念融入我国学前教育课程设计中。

全球化的教育交流不仅让课程标准更加国际化，还使得教育评估体系趋向统一。政策鼓励通过国际课程比较和评估机制，提升本国学前教育的质量。例如，借鉴国际教育组织（如 UNESCO、OECD）的评估框架，我国可以制定更符合全球趋势的教育评估标准，以确保学前教育课程能够与国际接轨，促进儿童在认知、社交、创造力等多维度上的全面发展。

(二) 本土文化的强化

尽管全球化带来了课程标准的国际化趋势，但同时，本土文化的传承与发扬也越来越受到重视。在全球化和国际交流的过程中，学前教育课程改革不仅要借鉴国际先进经验，还要确保在课程内容中充分体现本土文化的独特性与价值观。最新的政策明确提出，学前教育的目标不仅是培养具备全球视野的儿童，更要在教育中传递本国的文化传统、历史记忆和社会价值观。

本土文化的强化意味着，课程设计在引入国际标准的同时，需要注重儿童对自身文化的认知与理解。例如，通过在课程中融入本土节日庆祝、传统手工艺活动、地方艺术和音乐等内容，让儿童从小就感受到自己文化的丰富性和多样性。这种文化传承能够帮助儿童形成对民族文化的认同感和归属感，增强他们的文化自信。

此外，全球化背景下的课程标准化与本土化的平衡，还涉及教育价值观的传递。在设计学前教育课程时，除了参考国际化的教学目标，如创新思维、跨文化交流能力

等，还需要结合本国的社会价值观和教育理念。在课程改革中，尊重并弘扬本土文化能够确保儿童在成长过程中既拥有广阔的国际视野，也不会忽视自身的文化根基。例如，通过设计与本土历史和社会生活相关的探究活动，儿童可以在全球背景下理解自己的文化身份和历史渊源。

学前教育在全球化的语境下必须寻求"本土化"与"国际化"的平衡。一方面，要充分借鉴国际教育的标准化和先进经验，提升课程的科学性和规范性；另一方面，要保证教育内容与本土文化紧密结合，促进儿童对本国传统文化的认同感和对社会价值观的理解。这种平衡不仅帮助儿童在全球化时代具备跨文化沟通能力，还确保了他们对本土文化的传承责任感。

综上所述，全球化背景下的学前教育课程改革需要在国际化的课程标准和本土文化的传承之间找到平衡。通过借鉴国际先进的教育经验，课程标准化将提升学前教育的整体质量和国际竞争力；而通过强化本土文化的内容，课程将帮助儿童更好地理解和传承自己的文化传统和价值观。最新政策为这一平衡提供了清晰的指导方向，确保学前教育课程在全球化的同时，能够保持文化根基和本土特色。

第七章　学前教育评估与反馈

　　评估不仅是对学前教育教学质量的检测工具，也是推动课程优化和儿童个性化发展的关键手段。学前教育评估应以发展性评估为主，关注儿童的认知、情感、社会性与体能等多方面的成长，而非单纯的学业成绩测量。通过对儿童在课堂活动、游戏与日常生活中的表现进行观察和记录，教师能够更准确地掌握儿童的兴趣、能力及发展需要。此外，家庭在学前教育评估中的角色也不容忽视。通过家校合作，家长可以为教师提供重要的反馈信息，补充学校无法全面观察到的儿童在家庭中的表现。

第一节　评估理论与方法

一、评估的基本概念与目的

（一）评估的定义

　　学前教育中的评估是一种系统的过程，旨在通过对儿童学习和发展的观察、记录和分析，全面了解儿童在认知、情感、社交、身体等方面的成长情况。根据最新的政策和文献，评估不仅关注儿童的学术表现，还涵盖其情感、社交能力和身体协调性等多维度发展。评估不仅是教师日常教学的一部分，也是儿童全面发展的重要工具，能够为教学实践提供及时反馈。

　　学前教育评估通常采用多样化的方法，如观察、记录儿童的日常行为，分析作品，与儿童对话等，确保教师能够准确了解每个儿童的学习进度和发展特点。通过这些方法，教师可以发现儿童在学习中的优势与不足，调整教学策略，确保课程适应儿童的个性化需求。

　　评估的定义还强调它的系统性和持续性。它不是单纯的测试或评价，而是一个连续的过程，贯穿整个学前教育阶段，帮助教师通过观察儿童在不同情境下的表现，获取全面的数据。这种系统性的评估能够确保教育质量，并为个性化的教学提供支持。

（二）评估的目的

学前教育评估的主要目的是促进儿童的全面发展。通过评估，教师能够了解每个儿童的独特需求与学习风格，从而为其量身定制更具针对性的教学活动。政策指出，评估不应仅仅是为了记录儿童的学术成绩，而应关注其认知、情感、社交能力的成长，确保儿童在各个方面都得到平衡发展。评估帮助教师更好地理解儿童的潜力与兴趣，进而设计出能够激发他们学习兴趣的活动和课程内容。

除了促进儿童的发展，评估也是改进教学策略的关键工具。教师通过分析评估结果，可以发现哪些教学方法最有效，哪些方面需要改进。这种反馈机制确保了教学能够根据儿童的发展状况进行调整，优化教学效果。基于评估结果的教学调整能够显著提升儿童的学习效率，并帮助教师更快发现和应对儿童在学习中遇到的挑战。

评估还为家校合作提供了重要支持。家长通过评估结果可以了解儿童在学校的表现与成长情况，从而更好地在家庭中为其提供支持。政策提倡教师定期与家长分享评估报告，以确保家长能够及时掌握儿童的发展进度。通过与教师的沟通，家长能够更好地配合学校的教学目标，形成教育的协同效应。

此外，学前教育的评估也为政策制定者提供了宝贵的数据支持。通过对全国或地方学前教育评估数据的分析，政策制定者能够了解当前教育体系的成效，发现需要改进的领域，从而为教育政策的制定和调整提供依据。科学的评估体系不仅有助于提升教育质量，还能为教育公平和资源分配提供可靠的决策依据，确保每个儿童都能在适合的环境中成长。

综上所述，学前教育评估的基本概念与目的涵盖了儿童发展的全面促进、教学策略的优化、家校合作的支持以及政策制定的参考依据。评估通过系统的观察与记录，为教师、家长和政策制定者提供了多方面的反馈，有效推动了学前教育课程的改进与发展。最新的政策和文献都强调了评估在现代学前教育中的重要性，它不仅是一种衡量工具，更是帮助儿童获得优质教育的重要手段。

二、学前教育评估的理论基础

（一）行为主义评估理论

行为主义评估理论强调通过观察儿童的外在行为表现来衡量其学习成果。这一理论认为，学习的结果可以通过儿童在特定情境中的反应和行为来反映，因此，评估应该注重记录和分析儿童在课堂活动、任务完成和互动中的表现。行为主义理论主张，通过外部刺激（如教师指导和课堂活动），儿童的学习会产生可观察的变化，这些变化可以通过评估来客观衡量。

在学前教育评估中，行为主义理论常用于观察儿童在学习活动中的表现，如他们在完成任务时的专注度、反应速度以及对指令的执行情况。例如，教师可以通过观察儿童如何完成拼图、书写或参与集体游戏来评估他们的认知能力和合作意识。通过这种外在行为的观察，教师能够快速获取儿童学习成果的直观反馈，进而调整教学策略。

行为主义评估理论的优势在于其简便性和直接性，评估结果基于可观察的行为数据，便于量化和比较。然而，这种评估方法也有局限性，尤其在学前教育中，它过于关注结果，而忽略了儿童内在的思维过程和学习动机。

（二）建构主义评估理论

与行为主义不同，建构主义评估理论关注儿童如何在学习过程中构建知识与技能，而非仅仅看其最终的学习结果。基于皮亚杰的认知发展理论，建构主义评估理论认为，儿童通过与环境互动来主动建构他们的知识体系。因此，评估不仅要关注儿童达成了什么目标，还要了解他们如何理解和解决问题。

在学前教育评估中，建构主义理论特别适合于评估儿童的探究学习、问题解决能力和创造性思维。教师通过观察儿童如何在活动中提出问题、寻找解决方案，以及他们如何应对挑战和困难，从而了解儿童的思维过程和发展阶段。建构主义评估不仅限于静态的任务完成情况，还包括对儿童参与过程的分析，如他们在游戏中如何协作、沟通和探索。

例如，当儿童参与建构积木活动时，教师不仅要评估他们是否完成了建构任务，还要观察他们在过程中如何调整策略、与同伴协作以及如何应对失败。这种评估方式帮助教师更好地理解儿童的学习风格和思维发展，进而提供适合的支持和指导。

建构主义评估的优势在于它能深入挖掘儿童的学习过程，提供个性化教学的依据。然而，它的复杂性也带来评估的主观性和实施的难度，教师需要更细致的观察和专业判断。

（三）社会文化评估理论

社会文化评估理论基于维果茨基的理论，强调评估过程应考虑儿童的社会文化背景以及他们与环境的互动。在维果茨基的"最近发展区"理论中，儿童的学习和发展是通过与更有经验的个体（如教师、同伴或家长）的合作与互动而实现的。因此，社会文化评估不仅关注儿童个人的学习表现，还重视儿童在社会情境中如何与他人互动，如何从互动中获得支持，进而提升学习效果。

在学前教育评估中，社会文化理论的应用体现在对儿童在不同社会文化背景下表现的关注。教师应当在评估过程中考虑到儿童的家庭背景、文化习俗和生活环境等因素，理解这些因素如何影响儿童的学习和发展。例如，对于来自不同语言或文化背景的儿童，教师需要调整评估标准，理解他们如何在课堂上与其他同伴互动，如何在新的文化情境中逐步适应和学习。

社会文化评估理论还强调，评估不应仅仅是教师的单向反馈，而应是一个互动的过程。教师在评估时需要为儿童提供适当的支持，帮助他们通过社会互动来提升学习能力。例如，在小组合作活动中，教师可以通过观察儿童如何与他人分享信息、解决冲突、分配任务来评估他们的社会交往技能和合作能力。

社会文化评估的优点在于它关注儿童的社会背景和文化差异，为个性化教育提供了重要依据。然而，这一评估方法也对教师的观察和分析能力提出了较高的要求，教师需要具备文化敏感性和灵活性，以适应不同儿童的需求。

综上所述，学前教育评估的理论基础主要包括行为主义、建构主义和社会文化评估理论。行为主义评估侧重于儿童外在行为的观察，建构主义评估关注儿童的认知发展过程，而社会文化评估则强调社会背景与互动对儿童发展的影响。结合这些理论，学前教育评估能够为儿童的个性化学习提供更全面的支持，帮助教师根据不同的理论框架设计出更适合儿童发展的评估方案。

三、学前教育评估的主要方法

（一）观察法

观察法是学前教育评估中最常用的一种方式，通过教师或观察者在儿童的日常活动中进行系统性观察，记录其行为表现。这种方法不需要额外设置人工环境，而是在自然环境下进行，因此能够反映儿童的真实表现。观察法主要适用于评估儿童的社会性、情感和语言发展，帮助教师了解儿童如何与同伴互动、如何表达情感，以及他们在沟通中的语言运用。

例如，教师可以在自由游戏时间观察儿童与他人互动的情况，了解其是否主动参与集体活动、如何处理冲突或如何表达情感。这种观察为教师提供了儿童行为和社交技能的第一手资料，有助于评估他们的情感调节能力和语言表达能力。最新的政策强调，教师在观察中应采取系统化的方法，明确观察的目标和记录标准，确保评估的准确性和一致性。

（二）游戏评估法

游戏评估法通过观察儿童在游戏中的表现来评估他们的创造力、解决问题能力以及与他人的互动水平。游戏是学前教育中儿童自发性学习的主要形式，儿童通过游戏表达自己的想法、情感，并探索周围的世界。因此，游戏评估法能够为教师提供重要的评估数据，尤其是对于儿童的创造力、合作能力和自主学习能力。

在游戏评估中，教师不仅观察儿童如何运用已有的知识解决问题，还关注他们在面对挑战时如何尝试新方法。例如，教师可以通过角色扮演游戏评估儿童的社交能力和情感发展，或通过积木建构评估他们的空间感知和创造性思维。游戏评估法有助于捕捉儿童学习过程中的动态变化，提供一种更加灵活、适应性更强的评估方式。

（三）档案袋评估法

档案袋评估法是一种长期性评估工具，旨在通过收集和分析儿童的学习作品、照片、教师评语等，全面跟踪儿童的发展轨迹。这种评估方法强调个体化，帮助教师通过综合分析不同时间点的资料，全面了解儿童的成长和进步情况。

档案袋中可以包括儿童的绘画作品、手工作品、书写练习作品以及他们参与集体活动的照片，教师还可以加入对每件作品的评语。这些材料反映了儿童的学习过程和变化，帮助教师和家长更直观地看到儿童在认知、情感、语言和社交能力上的发展。档案袋评估法能够支持个性化教学，因为它为教师提供了丰富的数据来调整课程和教学策略。

这种评估方法的优势在于它的持续性和多样性，不仅关注最终成果，还注重儿童在成长过程中的努力和探索。同时，档案袋评估法也为家校沟通提供了良好的基础，家长可以通过这些资料清晰地了解儿童的发展进程。

（四）发展性测评

发展性测评是一种基于年龄阶段的定期评估方法，旨在了解儿童在特定年龄段的认知、社交、情感及身体发展情况。这种测评通常使用标准化的测评工具，通过观察和任务完成情况评估儿童的各项发展水平。最新的发展性测评不仅用于判断儿童是否达到特定的发育要求/标准，还帮助教师识别那些可能需要额外支持的儿童。

发展性测评的优势在于其科学性和系统性，教师可以通过这些测评数据，准确了解儿童的整体发展水平，并与同龄儿童进行横向比较。对于在某一方面表现出发展迟缓或超前的儿童，教师可以根据测评结果制定相应的支持计划，确保他们能够在适合自己的发展轨道上前行。

（五）教师问卷与访谈

教师问卷与访谈是用于评估教师教学效果的主要方法之一，通过教师自我评估、同事互评和访谈，了解其在教学过程中对儿童的影响。这种评估方法不仅帮助教师反思自己的教学实践，还为学校和教育管理者提供了教师专业发展的依据。

教师在学前教育中的作用至关重要，因此评估教师的教学效果可以确保课程目标的实现。通过自我评估，教师能够回顾自己的教学策略，分析哪些方法有效，哪些需要改进；同事互评则提供了多角度的反馈，有助于教师间的学习与成长。访谈为教师提供了与管理者或专家深入探讨教学实践的机会，帮助他们更加客观地认识自己的教学效果。

综上所述，学前教育评估的主要方法包括观察法、游戏评估法、档案袋评估法、发展性测评以及教师问卷与访谈。每种方法都有其独特的作用和价值，能够从不同角度为教师提供儿童发展的全面信息。最新评估应多元化和个性化，确保每个儿童的成长需求都得到充分满足，并为教师提供有效的反馈与支持。

四、定量与定性评估的结合

（一）定量评估

定量评估是通过标准化测试、量表评分等工具来获得儿童表现的可量化数据。此类评估通常基于固定标准或参照系统，如发展量表、认知评估工具等，可以提供儿童在特定领域的具体分数或等级。定量评估的优势在于其客观性和易于比较的特点，能够帮助教师了解儿童在不同发展领域中的表现，如认知发展、语言能力、数学启蒙等。

在学前教育中，定量评估被广泛应用于评估儿童的学术准备程度或发育水平。通过标准化测验，教师可以准确判断儿童是否达到其年龄段应具备的能力，并通过对比同龄儿童的表现，了解其发展是否正常或超前。定量评估为学前教育中的课程效果评估和资源分配提供了重要的数据支持。例如,教师可以通过语言能力的量化评分了解班级整体的语言发展水平,从而调整教学内容。

然而,定量评估的局限性在于,它主要侧重于学术和认知发展,难以捕捉儿童在社交、情感等领域的复杂性和个性化表现。因此,仅依赖定量评估可能无法全面反映儿童的整体发展状况。

(二)定性评估

定性评估通过更深入的观察、记录、访谈等方式,捕捉儿童发展中的细微差别和个体独特性。与定量评估不同,定性评估不以分数或数据为主,而是通过描述性分析和解读儿童在不同情境中的行为、反应和互动,帮助教师更好地了解每个儿童的发展过程和情感状态。

在学前教育中,定性评估特别适合于评估儿童的社交互动、情感表达、创造力等无法轻易量化的领域。教师可以通过观察儿童在游戏中的表现、记录他们如何与同伴合作解决问题以及访谈儿童以了解他们的内在想法和情绪体验,从而获取更为全面的评估信息。

最新的政策与定性评估为个性化教学提供了重要依据。通过定性分析,教师能够识别儿童的特殊兴趣、性格特点以及可能遇到的社交或情感挑战,并基于这些发现调整教学策略。此外,定性评估能捕捉定量评估无法体现的情境化和个体化特征,例如儿童在面对失败时的情绪调节或在开放性任务中的创新思维。

尽管定性评估能提供丰富的个体化信息,但它的主观性较强,依赖于教师的观察和判断。因此,单独使用定性评估可能会导致结果的不一致或缺乏普遍适用性。

(三)综合运用定量与定性评估

最新的政策与文献强调,定量与定性评估相结合是学前教育中最为有效的评估方式。通过结合两种方法,教师不仅能够获得精确的量化数据,还可以深入了解儿童的个性化发展,提供更全面的评估信息。定量评估为儿童的认知、语言、数学等领域提供客观指标,而定性评估则补充了这些指标无法反映的细节,如儿童在社交互动中的情感表达、合作精神和问题解决能力。

例如,教师可以通过定量评估来衡量儿童的语言能力和认知发展,然后通过定性观察了解儿童在实际沟通中的表现,如他们如何与同伴对话、如何表达自己的想法、如何理解他人。这种结合使得评估不仅关注结果,还能反映儿童学习的过程与方式,为教学改进提供更有效的依据。

综合评估方法也有助于个性化教学的实施。教师通过定量评估了解儿童的学术发展，通过定性评估深入了解儿童的社交和情感需求，然后根据这两方面的数据制订个性化的学习计划。例如，某些儿童可能在定量测评中表现出数学能力的不足，但通过定性观察，教师发现他们对动手实验有浓厚兴趣，基于此，教师可以设计更多操作性活动来激发其数学学习兴趣。

定量与定性评估结合能更好地为决策者提供综合性的教育评估报告。这种评估方式不仅帮助教育工作者了解儿童的全面发展，还为教育改革和课程调整提供了科学的依据。

综上所述，学前教育评估的有效性在于定量与定性方法的综合运用。定量评估为教师提供了标准化、可量化的数据，定性评估则帮助教师捕捉儿童发展的细节和复杂性。通过两者的结合，教师能够全面了解儿童的认知、情感、社交和身体发展，为个性化教学提供更加科学、精确的依据，并确保每个儿童在学前教育阶段都能得到适合其需求的发展支持。

第二节　儿童学习与发展评估

一、儿童学习评估的内容与标准

（一）认知发展评估

认知发展评估是学前教育课程评估中的重要组成部分，旨在衡量儿童在语言、数学和科学等领域的理解能力与思维水平。最新的政策和认知发展不仅仅体现在儿童是否掌握了某些知识点上，更关注他们如何应用所学的知识解决问题，以及他们在不同情境中的学习表现。

语言表达能力的评估主要通过观察儿童的词汇量、句子结构、讲述故事的能力等，了解其语言发展的整体水平。数学认知的评估则包括对简单数字概念的理解、简单的加减运算能力，以及他们在日常生活中运用这些概念的表现。科学认知评估侧重于儿童的观察能力、因果推理能力和对自然现象的探索兴趣。通过这些评估，教师能够全面掌握儿童的认知发展水平，并为课程设计提供依据。

政策提倡教师采用多样化的评估工具,包括任务导向的活动、情境式问题解决等,确保评估能够反映儿童的实际学习过程,而非仅限于知识点的掌握。

(二) 社会性与情感发展评估

社会性与情感发展评估关注儿童在与他人互动和表达情感方面的发展情况。政策强调,学前教育不仅关注认知能力的提升,还应重视儿童的情感调节和社会交往能力的发展。通过对儿童社会性与情感发展的评估,教师能够了解儿童在日常活动中如何处理人际关系、表达情感、应对冲突等。

评估内容包括观察儿童如何与同伴进行合作或分享、在集体活动中的参与程度、遇到问题时的情绪调节能力,以及他们在面对失败或挫折时的表现。儿童的情感表达能力和社会交往技巧直接影响他们的学习动力和未来的适应能力。因此,评估儿童在团队合作中的表现、同伴间的互动、情绪的自我调节等内容,能够为教师和家长提供关于儿童社会性与情感发展重要的反馈。

为了确保评估的全面性,教师可以通过观察记录、儿童自述、同伴反馈等多种方式进行社会性与情感的评估,帮助儿童更好地发展这些关键能力。

(三) 身体与运动能力评估

身体与运动能力评估是学前教育评估中的重要部分,政策特别强调了儿童身体健康和运动能力发展的关键性。评估儿童的粗大运动技能,主要观察他们在跑步、跳跃、平衡和攀爬等活动中的表现,了解他们的协调性、力量和耐力发展。而精细动作能力的评估则侧重于儿童手部操作的灵活性和精确度,例如剪纸、画图、拼接积木等活动。

粗大运动和精细动作能力的发展对儿童的总体发展至关重要,尤其是在增强自信心和提高身体控制能力方面。通过评估,教师可以了解儿童的运动能力是否达到年龄相应的发育水平,并根据儿童的实际需要调整教学活动。例如,对于在精细动作发展上有困难的儿童,教师可以设计更多手工操作的活动,以帮助他们提升手眼协调性和手部灵活性。

运动能力评估不仅关乎儿童的身体健康,也有助于他们在其他领域的发展,如社交互动和情感表达。政策提倡通过户外活动、体育游戏等方式进行运动能力的评估,帮助儿童在自由、愉快的环境中获得更全面的运动发展。

(四) 艺术与创造力评估

艺术与创造力评估侧重于观察儿童在艺术活动中的表现力和创造性思维。艺术教育在学前阶段的重要性不仅在于技能的掌握，更在于激发儿童的想象力和创新能力。通过绘画、手工、音乐和建构游戏等活动，教师可以评估儿童如何运用色彩、形状、音调等表达自己的情感和想法。

评估的内容包括儿童在艺术创作中的自主性、独创性，以及他们是否能够通过作品表达独特的观点或情感。例如，教师可以通过分析儿童的绘画作品，了解他们的想象力、对世界的认知方式，以及如何将抽象概念转化为可视化的艺术表现。通过音乐表演或建构活动，教师还可以观察儿童的空间感知能力和创新解决问题的思维模式。

艺术与创造力评估不仅有助于提升儿童的艺术素养，还能激发他们的创造性思维和解决问题的能力。政策提倡通过丰富的艺术活动为儿童提供表达的空间和机会，让他们在自由创造中获得成长与发展。

综上所述，学前教育课程中的儿童学习评估涵盖了认知发展、社会性与情感发展、身体与运动能力以及艺术与创造力等多方面内容。通过这些多维度的评估，教师能够全面了解儿童的成长状况，并根据评估结果调整教学策略。政策支持采取多样化的评估方式，确保每个儿童的个性化发展需求都能得到充分满足。

二、发展性评估工具与标准

（一）发展里程碑检查表

发展里程碑检查表是一种基于儿童成长过程中不同年龄段关键发展指标的评估工具，用于评估儿童是否在特定年龄阶段达到了应有的发育水平。最新政策和发展里程碑检查表不仅帮助教师和家长了解儿童在认知、社交、情感、语言等多个领域的进展，还为早期识别儿童发展迟缓或潜在问题提供了有效的参考。

这些检查表通常列出儿童在不同年龄段的典型发展标志，例如，在 2 岁时，儿童应该具备的语言表达能力、社交互动能力及粗大运动技能。这种工具能够清晰地指出儿童是否在规定的时间段内达到这些关键的发育里程碑，帮助教师和家长及时调整课程内容和活动，以满足儿童的发展需求。

政策文件特别强调，发展里程碑检查表的设计应基于科学的儿童发展理论，并应具有适应不同文化背景的灵活性。通过这种评估工具，教师可以根据每个儿童的个体差异调整教学策略，确保所有儿童都能获得适合其发展的教育支持。

（二）标准化测评工具

标准化测评工具，如《早期儿童发展评估量表》（ECDA），是基于科学研究设计的专业评估工具，广泛应用于学前教育中的发展性评估。这些工具以规范化的量表形式，评估儿童在认知、语言、情感、社交、运动等领域的综合发展。使用标准化工具可以确保评估的客观性和一致性，有助于更精确地跟踪儿童在不同领域的发展。

《早期儿童发展评估量表》等标准化工具不仅能够帮助教师量化儿童的学习与发展成果，还可以用于个体的比较，帮助识别那些需要额外支持的儿童。通过这种评估工具，教师可以得到系统的反馈数据，从而制定更具针对性的教学计划。例如，ECDA 量表能够评估儿童的语言发育水平，包括词汇量、语法理解、沟通能力等，为教师提供详细的诊断信息。

标准化测评工具应根据儿童的年龄段进行灵活应用，并且要定期更新以适应新的教育理论和实践。通过这些科学设计的工具，评估者可以全面、系统地分析儿童的发展状况，从而更好地满足其个性化需求。

（三）家长与教师反馈的结合

在儿童发展评估中，政策与文献均强调了家长与教师反馈相结合的重要性。儿童的发展不仅仅在学校环境中发生，家庭中的行为表现同样是理解儿童发展的关键要素。因此，将家长反馈纳入评估过程，可以为教师提供更全面的儿童发展信息，确保评估结果的完整性和准确性。

家长通常对儿童的日常行为、生活习惯和情感变化有更为深入的了解，这些信息对于教师在学校中进行的评估起到重要的补充作用。例如，家长可以提供关于儿童在家中如何与家庭成员互动、解决问题、处理情绪等信息，帮助教师更全面地评估儿童的社交和情感发展。此外，家长反馈可以帮助教师了解儿童在家庭环境中的学习兴趣和习惯，这对于个性化教学和课程设计有重要参考价值。

评估应采用多维度的方法，通过家校合作，全面了解儿童的发展情况。教师可以定期与家长沟通，通过家长会、家访、问卷等形式获取家长反馈，确保评估的多元性与完整性。

综上所述，学前教育中的发展性评估依赖于多种工具和方法的综合使用。通过发展里程碑检查表、标准化测评工具以及家长与教师的反馈相结合，教师能够全面、科学地评估儿童在不同领域的发育与成长情况。这种多角度的评估方法不仅帮助教师调整教学策略，还为家长提供了关于儿童发展的深入理解，确保儿童在各个发展阶段都能获得最佳的支持。

三、个性化发展评估与差异化教育

（一）个性化评估

个性化评估是学前教育评估的重要趋势之一，政策与文献一致强调，评估应关注儿童的个体差异和独特需求，而非采用"一刀切"的统一标准。在传统评估模式中，所有儿童都被用相同的标准衡量，这种方式难以全面反映儿童的个性化发展特点。最新政策倡导根据每个儿童的兴趣、优势和发展需求定制个性化评估方案，以便更准确地了解他们的成长进度和发展潜力。

在个性化评估中，教师应考虑儿童的学习风格、兴趣爱好、社会互动方式以及家庭背景等因素，设计更加灵活的评估工具。例如，某些儿童可能在语言表达上表现突出，教师可以通过口头表达或讲故事的形式评估他们的语言能力；而对于对运动更感兴趣的儿童，则可以通过观察他们在体育活动中的表现来了解他们的身体发展情况。

个性化评估不仅帮助教师发现每个儿童的优势，还能够识别那些在某些领域需要特别关注的儿童。政策明确提出，教师应根据个性化评估结果，提供有针对性的支持，确保每个儿童的全面发展得到促进。这种定制化的评估模式打破了传统的标准化评估思路，真正实现了以儿童为中心的评估理念。

（二）差异化教育支持

差异化教育是基于个性化评估结果，为每个儿童提供符合其发展水平和学习需求的教育支持。学前教育的目标不仅是让所有儿童达到统一的标准，更应关注如何在每个儿童的独特基础上促进其成长。因此，差异化教育强调根据评估反馈调整教学策略，确保不同能力和发展阶段的儿童都能在适合他们的课程中获得最佳的学习效果。

评估结果可以帮助教师识别哪些儿童在某些领域表现出色，哪些儿童在发展上需要额外支持。例如，在数学能力评估中，有些儿童可能已经掌握了基础的数学概念，这类儿童需要更具挑战性的任务来激发他们的潜力；而对于那些在语言表达方面稍显落后的儿童，教师则需要设计更多以语言互动为核心的活动，帮助他们提升口语能力和理解能力。

差异化教育的关键在于教学内容和方法的灵活调整。例如，教师可以为不同发展水平的儿童设计分层教学活动，通过小组合作、个别化指导等方式帮助每个儿童在适应自己的节奏下进步。政策鼓励教师采用多样化的教学策略，如个性化学习项目、探究式学习等，确保差异化教育能够涵盖儿童的认知、情感、社交和身体发展等多维度需求。

此外，差异化教育还涉及与家长的密切合作，确保在学校和家庭之间形成协同支持体系。教师可以通过定期的家长会议或沟通反馈，帮助家长了解儿童在不同领域的进步与挑战，并为家庭教育提供具体建议。这样，教师与家长可以共同为儿童的个性化发展提供一致的支持。

综上所述，个性化评估与差异化教育是学前教育评估与教学的关键环节。通过定制化的评估方案，教师能够全面了解每个儿童的个体特点，并根据评估结果设计适应性强的课程与活动，确保每个儿童都能得到最符合其需求的教育支持。政策与文献均强调，这种以儿童为中心的教育方式能够最大程度地激发儿童的潜能，促进其全面、平衡的发展。

四、学习与发展评估中的问题与改进策略

（一）标准化评估的局限性

标准化评估在学前教育中的使用具有广泛的应用价值，因为它能够通过科学的量化手段衡量儿童在语言、认知、数学等方面的技能。然而，标准化评估也存在明显的局限性，尤其是在捕捉儿童个体差异方面。标准化工具通常基于一组固定的标准或参照系，难以反映每个儿童独特的学习方式、兴趣和社会背景。此外，标准化评估倾向于侧重于学术技能的测量，如语言能力或数学逻辑能力等，较少关注儿童在情感发展、社交互动、创造力等软技能领域的成长。

这些评估工具容易忽略儿童的非认知能力，而这些能力在儿童整体发展中同样重要。比如，儿童的情感调节、社交技巧、解决问题的能力，往往无法通过单一的测量工具得出全面的结论。政策指出，这种局限性可能导致教师或家长对儿童的全面发展缺乏深入理解，进而影响教学策略和支持措施的制定。

因此，学前教育评估需要避免过度依赖标准化测试，特别是当这些测试无法充分捕捉儿童的个性、创造性和情感发展时。标准化评估虽然能够提供一定的客观数据，但它不应成为评估儿童整体发展的唯一依据。

（二）改进策略

为解决标准化评估的局限性，政策与文献均建议采取多元化的评估方法，以确保评估结果的全面性和个性化。多元评估手段能够更好地反映儿童在不同情境下的表现，不仅捕捉学术能力，也关注情感、社交和身体发展等多维度的成长。

教师观察是改进评估的一种重要手段。教师通过系统性地观察记录儿童在自然学习环境中的行为表现，能够了解儿童如何应对日常活动中的问题和挑战。观察不仅限于学术领域，还可以帮助教师捕捉儿童的情绪反应、社交互动、合作能力等信息。观察法的优势在于它能够在实际教学中实时进行，使教师能够及时调整教学策略，以适应儿童的个性化需求。

家长反馈是确保评估结果多维度和个性化的另一个重要来源。家庭环境中的表现往往与学校环境中的表现有所不同，因此，家长的反馈可以为教师提供有关儿童的补充信息，特别是在社交互动、情感发展和家庭关系等方面。通过与家长的合作，教师能够更全面地了解儿童的整体发展，并将这些信息用于制定个性化的教学计划和活动。

发展档案（Portfolio Assessment）是追踪儿童长期发展的一种有效方法。通过收集儿童的学习作品、照片、教师评语等，发展档案能够记录儿童在不同发展阶段的进步和成长。这种方法不仅关注结果，还重视过程，使评估更具连续性和个性化。发展档案为教师提供了直观的数据来源，帮助他们在更长的时间跨度上评估儿童的学习过程和发展轨迹。

结合标准化评估与多元评估手段的策略，可以更全面地反映儿童的多维发展，避免单一评估手段的局限。评估体系应当灵活多样，涵盖学术、情感、社交、艺术和运动等多个领域，确保每个儿童的个性化需求都能够得到满足。通过这种多元化的评估方法，教师不仅能够获得更全面的评估结果，还能够根据不同儿童的发展水平和需求，提供更具针对性的教育支持。

综上所述，学前教育中的评估不能单纯依赖标准化工具，而应采用多元化的评估策略。通过结合教师观察、家长反馈和发展档案，评估体系能够更全面地反映儿童的个体差异和多维发展，为个性化教育提供科学依据。政策与文献都强调，这种评估方法能够更好地支持差异化教学，帮助儿童在认知、情感和社会性等方面得到全面发展。

第三节　教学效果的评估

一、教学效果评估的目的与意义

（一）促进教学改进

教学效果评估在学前教育中具有重要作用，其核心目的是帮助教师通过对教学过程的反思和分析，了解哪些教学策略能够有效促进儿童学习，哪些教学方法则可能需要改进。最新的政策和文献都强调，教师在日常教学中应通过评估不断优化教学设计和方法，以确保课程能够最大限度地满足儿童的个性化发展需求。

通过教学评估，教师可以发现某些教学活动是否真正激发了儿童的兴趣、促进了他们的思维发展。例如，通过观察儿童对特定活动的反应和参与度，教师可以了解游戏化学习、项目学习等教学方法是否有效。如果某些教学环节未能达到预期效果，评估则为教师提供了具体的反馈，以便他们进行调整，设计更加灵活和适应性强的教学活动。

教学效果评估应当是一个持续的过程，贯穿于整个学前教育阶段。通过定期评估，教师能够根据儿童的反馈和表现做出教学调整，从而不断提升教学质量和课程效果。

（二）保障儿童学习与发展的质量

教学效果评估不仅有助于教师的教学改进，还能确保儿童在学习和发展方面取得良好成果。评估能够帮助教师和学校管理者识别教育过程中的优势和不足，确保每个儿童都能获得高质量的教育体验。学前教育阶段的教学效果评估旨在确保儿童在认知、情感、社交和身体发展等各个领域都能取得进展。

教学效果评估能够为教师提供具体的反馈，了解儿童是否在预定的学习目标中取得了进展。例如，通过评估儿童在语言发展、社交能力、创造力等方面的表现，教师能够判断当前的教学策略是否有效。此外，评估还能够帮助教师识别那些在特定领域表现出落后的儿童，为他们提供额外的支持，避免教学资源的浪费。

通过教学效果评估，教育管理者还可以确保教育资源的合理分配，避免在无效的教学活动或课程上浪费时间和资源。政策特别提到，评估的目的之一是确保教育资源的有效利用，使教育投入真正产生积极的效果，推动学前教育质量的整体提升。

（三）为政策制定提供依据

教学效果评估不仅在课堂层面发挥作用，还为更高层次的政策制定提供了数据支持。通过系统的教学评估，教育管理者能够收集到关于学前教育整体质量和教学效果的全面信息，从而为教育政策的调整和制定提供科学依据。政策和文献都强调，教学效果评估能够为教育资源的合理配置、教学标准的修订以及教师培训的改进提供关键数据。

评估数据可以揭示学前教育中的系统性问题，如某些课程内容无法达到预期目标、教师资源配置不均衡或特定教学方法在某些地区效果不佳。这些信息能够为政策制定者提供改进学前教育的方向和建议。例如，如果评估显示农村地区的幼儿园在资源获取或教学质量方面存在明显差距，政策制定者可以根据这些数据调整资源分配策略，确保教育公平。

此外，评估结果还能为教育政策的长期规划提供趋势数据。通过对教学效果的持续评估，政策制定者可以追踪学前教育中出现的新趋势或新需求，从而制定更加精准的政策，确保学前教育体系能够不断适应社会和儿童发展的变化。

综上所述，教学效果评估在学前教育中具有多重意义。它不仅帮助教师反思和改进教学方法，提升课程质量，还保障儿童学习与发展的效果，确保教育资源得到合理利用。同时，教学评估还为教育政策的制定提供了重要的数据支持，推动学前教育向更加公平和高质量的方向发展。

二、教学效果评估的主要方法

（一）课堂观察

课堂观察是学前教育教学效果评估的核心方法之一，通过观察教师在实际教学中的行为、策略以及与儿童的互动，评估这些行为对儿童学习与发展的影响。课堂观察能够直接反映教师的教学实践，包括他们如何设计课程活动、如何回应儿童的需求，以及如何在学习过程中引导儿童的思维和行为。

观察教师如何鼓励儿童参与讨论、提出问题，如何在游戏中引导儿童进行探究式学习，能够帮助评估其教学策略的有效性。同时，教师与儿童之间的互动质量也是教学效果的重要指标之一。通过观察互动，可以了解教师是否为儿童提供了支持性的学习环境，是否根据儿童的兴趣和需求调整教学内容。课堂观察应系统化、结构化，确保数据的准确性和可操作性。

这种方法帮助学校管理者、教育研究者以及教师本人获得关于教学行为的真实反馈，进而为教学改进提供依据。

（二）教学成果分析

教学成果分析是评估儿童学习效果和教学质量的另一个重要手段。通过分析儿童在课堂活动中的具体表现，如他们的作品、完成任务的过程、参与集体活动的表现等，教师可以评估儿童在认知、情感、社交、创造力等方面的进展。

例如，儿童在手工制作或绘画中的创意表达、在数学游戏中的逻辑思维能力、或在角色扮演中的社交互动，都是评估教学成果的有效指标。教学成果分析能够为教师提供实证数据，帮助他们判断哪些教学策略有效激发了儿童的兴趣、促进了他们的学习过程。

此外，政策强调，教学成果分析不仅关注最终的作品或结果，还要重视儿童在解决问题、协作或表达过程中展现的思维与行为变化。这种评估方式有助于教师全面了解儿童的学习过程，并据此调整课程设计与教学方法。

（三）教师自我反思与同事评估

教师自我反思是评估教学效果的一种深度方法，鼓励教师通过反思自己的教学实践，分析教学过程中的成功与不足。自我反思能够帮助教师更主动地关注教学策略的有效性，判断其在不同情境下的适应性。例如，教师可以通过记录课堂上儿童的反应和互动，回顾教学活动是否达到了预期目标，或者如何改进以适应儿童的个性化需求。

同事评估（同行互评）也是一种有效的教学评估方式。通过邀请同事旁听或参与课堂教学，教师能够获得客观的反馈和建议。这种基于同行之间的评估可以促使教师之间分享成功的教学经验，探索新的教学策略。政策鼓励教师团队在教学评估中互相支持，通过定期的教学讨论或互访，促进教学质量的提升。

通过自我反思和同行互评，教师能够更好地理解教学策略的实际效果，并不断调整和优化教学方法，使其更好地适应不同儿童的需求。

（四）家长反馈

家长反馈是教学效果评估的重要维度之一，尤其是在学前教育阶段，家长对儿童的发展有着最直观的感知。通过家长反馈，教师可以了解儿童在家庭中的学习表现和情感发展，以及教学效果如何在家庭环境中延续。家长的反馈可以为评估提供儿童在课堂外的学习进展，帮助教师全面掌握儿童的学习与发展情况。

例如，家长可以反馈儿童在家中是否表达了对某一学习主题的兴趣，是否展示出新的社交技能，或者是否开始在日常生活中运用课堂上学到的知识。这些信息为教师调整教学内容和策略提供了宝贵的依据。

政策强调，家校合作对于学前教育的成功至关重要。通过定期的家长会、问卷调查或家访，教师可以获取关于儿童行为和学习进展的更全面信息，从而更好地支持儿童的全面发展。

综上所述，学前教育教学效果评估采用了多种方法，包括课堂观察、教学成果分析、教师自我反思与同行互评，以及家长反馈。这些方法不仅帮助教师反思和改进教学策略，还为教学效果提供了全面、多维度的评估依据。政策与文献一致支持通过多样化的评估手段，确保学前教育教学质量的不断提升，并为儿童的全面发展提供科学支持。

三、教学效果评估中的挑战

（一）主观性评估的偏差

教学效果评估中的一个重要挑战是主观性评估的偏差。教师和家长在对儿童的学习与发展进行评估时，往往受个人经验、情感倾向或对儿童的期待等影响，这可能导致评估结果的客观性受到影响。例如，教师可能过度高估儿童的表现，尤其是当他们与儿童有较长时间的接触时，而家长则可能因为对儿童的情感联系，而忽视或夸大儿童的某些行为和能力。

主观性评估的偏差可能导致对儿童实际发展状况的误判，进而影响教师的教学调整或家长的教育策略。因此，在评估过程中，依赖单一的主观观察或反馈是具有局限性的，必须结合客观数据和多元化的评估工具，以确保评估结果的准确性。

为了应对这一挑战，建议通过标准化评估工具和结构化观察记录，减少主观偏差。同时，教师和家长可以通过定期的沟通和反思，交换对儿童发展的不同视角，从而在评估过程中实现更为客观的判断。

（二）难以量化的教学效果

学前教育中的一些关键领域，如儿童的社会性、情感发展和创造力等，往往难以通过量化标准来进行准确评估。这些领域的进步通常表现为儿童在与他人的互动方式、情绪调节能力、解决问题的创造力等方面的细微变化，而这些变化不易通过分数或等级来衡量。政策与文献强调，虽然认知和学术成就可以通过量化工具评估，但这些"软技能"的发展需要更灵活的评估方法。

例如，儿童的社交能力可能表现为他们如何与同伴合作解决问题或如何在冲突中表达自己的情感；创造力则可能通过他们的艺术作品或游戏中的创新表现出来。量化这些能力进展并不容易，可能导致教师忽视这些重要的发展领域，过分关注易于量化的学术成就。

政策建议，通过定性评估工具，如发展档案、个案研究、教师记录和家长反馈等方式，补充量化评估的不足。这些方法能够捕捉儿童在情感、社交和创造力方面的变化，并为教师提供更全面的教学反馈。

（三）教师评估压力与负担

另一个重要挑战是评估过程可能增加教师的工作压力和负担，特别是在复杂或频繁的评估要求下。学前教育教师不仅需要进行日常的教学和管理，还需要定期评估儿童的学习进展和发展状况，这可能导致工作负荷过重，影响教学质量。政策和评估工具的复杂性、评估频率的增加，以及对数据记录和分析的要求，都会增加教师的压力。

频繁评估可能使教师感到疲惫，尤其是当评估工具需要大量的时间和精力进行操作时，这会削弱教师专注于个性化教学和与儿童互动的时间。与此同时，教师在评估中的高标准要求，可能导致他们过度关注评估结果，而忽略了教学过程中与儿童建立的积极互动。

政策提出了解决这一问题的几项策略，包括简化评估工具、提供教师评估培训以及合理减少评估频率。此外，学校应为教师提供更好的支持，如安排评估助理或使用数字化工具，帮助教师减轻评估的工作负担。这些措施有助于确保教师能够在评估与教学之间找到平衡，从而提高教学质量并减少职业压力。

综上所述，教学效果评估中的挑战包括主观性评估的偏差、难以量化的教学效果以及教师的评估压力和负担。通过引入多元化的评估工具、结合定量和定性评估方法，以及简化评估程序，政策与文献提出了应对这些挑战的有效策略，旨在确保学前教育教学评估的科学性、全面性和可操作性。

四、改进教学效果评估的策略

（一）引入多元化评估工具

改进学前教育中的教学效果评估，首要策略是引入多元化评估工具，结合定量评估与定性分析，确保对儿童学习与发展的全方位了解。最新的政策与单一的评估方法无法全面捕捉儿童在认知、情感、社交等多维度的发展，因此需要通过多样化的工具，如标准化测评量表、教师观察记录、家长反馈、儿童作品分析等，来获得更丰富的评估信息。

定量评估工具，如早期儿童发展评估量表（ECDA），可以为儿童的认知和学术能力提供具体的数据支持；而定性评估，如教师观察和儿童档案袋，则可以捕捉儿童在社交互动、情感调节和创造力方面的表现。通过这种结合，评估能够更精确地反映儿童的发展过程与个体差异，避免过于片面地依赖量化数据。政策强调，多元化评估不仅有助于获得更全面的评估结果，也为个性化教学设计提供了有力依据。

（二）增强评估工具的实用性与简便性

另一个重要改进策略是增强评估工具的实用性和简便性，以减轻教师在评估过程中的工作压力。当前复杂、频繁的评估要求容易增加教师的负担，影响其教学积极性和教学质量。因此，开发简便易用的评估工具成为提升评估效率的关键。评估工具应尽量简化操作步骤，确保教师能够在日常教学活动中轻松实施，而不必额外投入大量时间和精力。

例如，开发数字化评估平台和应用程序，可以帮助教师更快捷地记录和分析评估数据。同时，通过提供简洁明了的评估模板、快速填写的评分量表，以及结构化的观察指导，教师可以在日常教学中快速进行评估，而不会感到过度压力。

政策还建议通过定期提供教师培训，提升他们使用新型评估工具的能力和信心。这不仅能提高评估的效率和准确性，也能促使教师更加积极主动地参与到教学效果评估和改进过程中。

（三）利用评估结果进行教学反馈与调整

教学效果评估的核心目的不仅是评估当前的教学效果，还在于通过评估结果反馈，及时调整和改进教学策略。评估数据应作为课程设置、教学方法调整的依据，确保教学设计能够持续优化，适应不同儿童的学习需求。定期分析评估数据，教师可以识别出教学中的优势和问题，并根据评估反馈调整教学计划。

例如，通过评估发现某些教学方法对儿童的认知发展效果显著，但在社交互动和情感表达方面相对薄弱，教师可以调整教学重点，引入更多促进合作和情感发展的活动。教学反馈和调整应是动态的、持续的，教师应根据评估中的新发现，灵活修改教学策略，确保每个儿童的全面发展。

此外，学校和教育机构建立教学反馈机制，确保评估结果能够及时传递给教师，并为他们提供必要的支持，帮助教师基于数据做出明智的教学调整。这种持续的反馈循环不仅有助于提升教学效果，还能不断提升教育质量，推动学前教育课程的科学化发展。

综上所述，改进学前教育中的教学效果评估，需要引入多元化评估工具以提升教学全面性，简化评估工具以减轻教师的负担，并利用评估结果进行及时反馈与教学调整。通过这些策略，评估能够更好地服务于儿童的学习与发展，提升教师的评估积极性和教学质量，同时为政策的制定和教育资源的合理分配提供科学依据。

参考文献

[1] 朱金山. 学前教师教育课程设置研究[M]. 长春:吉林人民出版社,2020.

[2] 刘天娥. 学前教师教育课程设置研究[M]. 武汉:武汉大学出版社,2017.

[3] 闫静,张鑫. 应用型学前教育专业课程模式研究[M]. 长春:吉林出版集团股份有限公司,2018.

[4] 胡建郭,王磊,杨军. 培智学校学前教育康复课程实践研究[M]. 长沙:湖南大学出版社,2022.

[5] 张晓伟. 全实践理念下学前教育专业活动设计类课程教学研究[M]. 长春:吉林人民出版社,2021.

[6] 王丽丽,乌斯哈拉,孙瑜蔚. 学前教育类"十四五"精品课程规划教材 学前儿童家庭教育[M]. 天津:天津大学出版社,2024.

[7] 厉晓燕. 学前教育课程设计研究[M]. 昆明:云南科技出版社,2020.

[8] 李世桐. 高职学前教育专业音乐课程体系优化的路径研究与实践[M]. 长春:吉林人民出版社,2023.

[9] 栾博强,王斯文,雷婧. 学前教育课程模式设计与研究[M]. 北京:现代出版社,2021.

[10] 咸阳职业技术学院师范学院教学创新团队. 学前教育专业群课程思政教学设计案例汇编[M]. 西安:西北大学出版社,2020.

[11] 张瑞平. 学前教育与课程建设[M]. 昆明:云南美术出版社,2018.

[12] 游达. 学前教育课程教学研究[M]. 长春:吉林文史出版社,2019.

[13] 宋占美,高瑾. 学前教育课程论[M]. 北京:现代教育出版社,2016.

[14] 曹玉萍. 学前教育课程设计研究[M]. 北京:中国国际广播出版社,2018.

[15] 张娜. 学前教育课程模式设计研究[M]. 武汉:华中师范大学出版社,2019.

[16] 刘秀芳. 新视野下学前教育课程研究[M]. 北京:中国书籍出版社,2019.

[17] 周艳芳. 学前教育课程设计与实践研究[M]. 北京:中国原子能出版社,2018.

[18] 卢曲元. 教育哲学探究[M]. 长沙:湖南师范大学出版社,2018.

［19］赖雅琳．学前教育专业钢琴课程多元化探索［M］．北京：中国商业出版社，2023.

［20］常宏．学前教育理论分析与课程开发研究［M］．青岛：中国海洋大学出版社，2021.

［21］胡华．幼儿教师的教育哲学观［M］．上海：复旦大学出版社，2022.

［22］刘志慧，刘吉霞．互联网+新形态立体化教学资源特色教材 学前教育专业新课程标准系列精品教材 幼儿园教育活动设计与实施［M］．北京：中国轻工业出版社，2023.

［23］韩晶雪．尊重教育理念下学校建设的行与思［M］．长春：吉林大学出版社，2020.

［24］金文．童画童语 对话教育理念下支持幼儿多元表达的申花样态［M］．北京：现代出版社，2021.

［25］隋玉玲．幼儿园"关爱课程"丛书"关爱"理念下的幼儿园日常生活教育［M］．福州：福建教育出版社，2017.

［26］沈德明．生长教育的理念与实践［M］．哈尔滨：黑龙江教育出版社，2020.